手把手教你拼多多

从入门到精通

胡晨化　编著

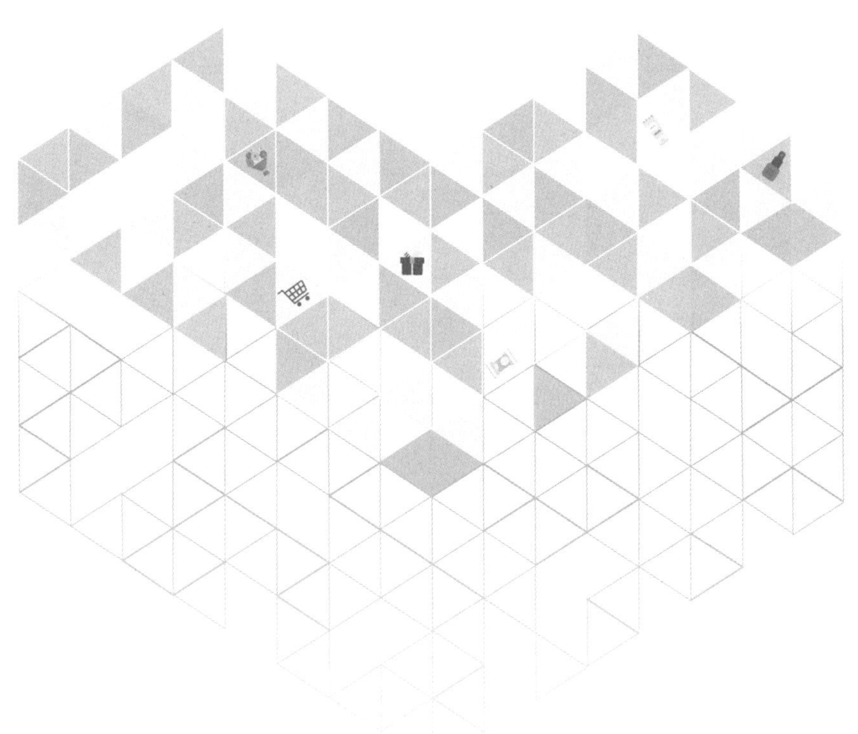

SPM 南方传媒 | 广东人民出版社

·广州·

图书在版编目（CIP）数据

手把手教你拼多多从入门到精通 / 胡晨化编著 . 广州 ：广东人民出版社，2025. 7. -- ISBN 978-7-218-18422-7

Ⅰ . F713.365.2

中国国家版本馆 CIP 数据核字第 2025815HZ1 号

SHOUBASHOU JIAO NI PINDUODUO CONG RUMEN DAO JINGTONG

手 把 手 教 你 拼 多 多 从 入 门 到 精 通

胡晨化 编著

出 版 人：肖风华

责任编辑：严耀峰
责任技编：吴彦斌
内文设计：奔流文化

出版发行：广东人民出版社
网　　址：https://www.gdpph.com
地　　址：广州市越秀区大沙头四马路10号（邮政编码：510199）
电　　话：（020）85716809（总编室）
传　　真：（020）83289585
天猫网店：广东人民出版社旗舰店
网　　址：https://gdrmcbs.tmall.com
印　　刷：茂名市红旗印刷集团彩印有限公司
开　　本：787毫米 × 1092毫米　1/16
印　　张：15　　**字　　数**：256千
版　　次：2025年7月第1版
印　　次：2025年7月第1次印刷
定　　价：68.00元

如发现印装质量问题，影响阅读，请与出版社（020-87712513）联系调换。
售书热线：020-87717307

序

拼多多，作为近年来迅速崛起的电商平台，以其独特的团购模式和优惠策略，吸引了大量消费者的目光。在这个充满竞争与机遇的数字时代，如何快速入门拼多多并精通其运营之道，成了许多电商从业者关注的焦点。资深电商运营专家所著的《手把手教你拼多多入门到精通》一书，无疑为广大电商从业者提供了宝贵的指南。

拼多多平台自诞生以来，便以其独特的团购模式，打破了传统电商的固有格局。通过整合供应链资源，拼多多为消费者提供了更加实惠的商品价格，同时也为商家提供了更多的销售机会。在短短几年时间内，拼多多便迅速崛起，成了电商领域的一匹黑马。

拼多多平台的成功，离不开其独特的商业模式和精准的市场定位。它抓住了消费者对价格敏感的心理，通过团购、砍价、拼单等方式，让消费者享受到更低的价格。同时，拼多多还注重用户体验，不断优化平台功能，提高交易效率，赢得了消费者的信任和喜爱。

此外，拼多多还积极拓展多元化的业务领域，从最初的农产品零售逐步拓展到家居、数码、美妆等多个领域。这种多元化的战略布局，不仅为拼多多带来了更多的流量和销售机会，也进一步巩固了其在电商市场的地位。

然而，要想在拼多多平台上取得一席之地，需要掌握一定的运营技巧和策略。而本书的作者，正是这样一位资深的电商运营专家。他拥有10年的电商运营经验，操盘类目涵盖了服装、母婴、美妆、家居、宠物用品等多个领域。在长期的实践中，他积累了丰富的电商运营经验，对拼多多的运营之道有着深刻、独到的见解。

在本书中，作者将他的经验和心得毫无保留地分享给了读者。他从拼多多的平台特点、商业模式、用户心理等多个角度入手，全面剖析了拼多多的运营之道。书中不仅详细介绍了如何在拼多多平台上开店、选品、定价、推广等基本操作，还深入探讨了如何优化店铺运营、提高转化率、降低运营成本等高级技巧。此外，作者还结合自己多年的实战经验，分享了一些实用的案例和策略，帮助读者更好地理解和应用所学知识。

对于想要在拼多多平台上大展拳脚的电商从业者来说，这本书无疑是一本不可或缺的宝典。它不仅可以帮助初学者快速入门，掌握平台的基本操作和运营技巧，还可以为已经有一定经验的电商从业者提供更深层次的指导，助力他们在拼多多平台上取得更大的成功。

当然，电商行业是一个不断发展和变化的领域，拼多多平台也在不断地进行创新和升级，以适应市场的变化和用户的需求。因此，电商从业者们需要时刻保持敏锐的洞察力和学习精神，不断跟进平台的最新动态和趋势，以便更好地应对市场的挑战。

最后，希望广大电商从业者能够从本书中获得启发，将其转化为自己的实践能力和竞争优势。相信在未来的电商道路上，我们一定能够携手共进、共创辉煌。

目　录

第1章　新手开店入门必须知道的八件事　1

第3章　后台操作　25

第4章　简单、实用、转化率爆表的店铺装修 42

第12章 独家揭秘拼多多爆款如何打造 158

第13章 私域流量新玩法，助力业绩飙升的秘诀 165

第14章 八大红线不能碰，罚款规则要牢记 175

第 1 章
新手开店入门必须知道的八件事

1.1　新手小白是否适合在拼多多上开店

拼多多作为一个电商平台，具有其独特的运营模式和用户群体。平台上的商品价格相对较低，主要吸引追求性价比的消费者。因此，如果新手小白能够找到具有竞争力的货源，并且能够提供价格实惠的产品，那么在拼多多上开店是有潜力的。

拼多多平台对于新手卖家也提供了一定的支持和帮助。例如，平台有完善的开店流程指导，可以帮助新手快速完成店铺的搭建和设置。同时，拼多多还提供了一些营销工具和推广资源，帮助卖家提升店铺的曝光度和销量。这些支持和资源可以降低新手卖家在开店初期的难度。

然而，需要注意的是，拼多多平台上的竞争相对激烈。由于平台上卖家众多，产品同质化严重，因此新手小白需要具备足够的市场洞察力和竞争力，才能在众多卖家中脱颖而出。此外，新手小白还需要投入一定的时间和精力来学习和掌握拼多多的运营规则和技巧，以便更好地运营店铺。

综上，新手小白是否适合在拼多多上开店，需要根据自身的实际情况和综合能力进行评估。如果选择有潜力的赛道，能够找到具有竞争力的货源，具备足够的市场洞察力和竞争力，并且愿意投入时间和精力学习和掌握平台的运营规则和技巧，那么在拼多多上开店是能够取得成功的。

案例一：大学毕业生张同学，女装电商年销售破千万

张同学作为一名广州的大学毕业生，深知当地有丰富的服装货源资源。毕业后，她决定利用这一优势，在拼多多上开设一家女装店铺。她深入研究女装市场的趋势和消费者的喜好，挑选出符合潮流且质量上乘的女装产品。

起初，张同学的店铺规模较小，但她凭借着对市场的敏锐洞察和不懈的努力，逐渐积累了口碑和客户。她不断优化店铺的运营策略，积极参加拼多多的促销活动，利用平台的流量优势提升店铺的曝光率。同时，她也注重与客户的沟通，不断提升客户满意度。

随着时间的推移，张同学的店铺销量逐年攀升，年销售规模最终突破了1000万

元大关。她不仅实现了自己的创业梦想，也为广州的服装产业贡献了一份力量。

案例二：全职二胎宝妈芬姐，婴儿洗护类目月利润超2万元

芬姐是一位全职二胎宝妈，她对孩子的用品非常挑剔，总是希望给孩子最好的。在照顾孩子的同时，她发现婴儿洗护产品市场潜力巨大，于是决定在拼多多上开设一家婴儿洗护产品店铺。

虽然芬姐没有电商经验，但她凭借着对母婴市场的了解和对产品的热爱，用心经营着自己的店铺。她精心挑选每一款婴儿洗护产品，确保质量上乘、安全可靠。同时，她也注重与客户的沟通，及时解答客户的疑问并提供专业的建议。

在芬姐的努力下，店铺的销量逐渐攀升，月利润达到了2万元。她不仅实现了自己的创业梦想，也为家庭带来了额外的收入。更重要的是，她通过自己的努力找到了自己的价值和成就感。

案例三：程序员黄先生转行拼多多，耳机年销售3000万元

黄先生原本是一位程序员，由于公司业务调整，他遭遇了裁员。面对失业的困境，黄先生没有气馁，而是选择了转行研究拼多多电商。

由于平时对数码类产品有着浓厚的兴趣，黄先生决定在拼多多上开设一家耳机产品店铺。他利用自己的专业知识和对市场的了解，挑选出性价比高、音质出色的耳机产品。同时，他也积极学习拼多多的运营技巧和营销策略，努力提升店铺的知名度。

在黄先生的精心运营下，店铺的销量逐年攀升，团队规模也从一个人扩大到了50人。经过一年的努力，年销售规模达到了3000万元，明年冲5000万元大关。黄先生实现了财务自由，再也不用担心被裁员。

无论是大学毕业生、全职宝妈还是转行人员，只要有创业的梦想和决心，都能在拼多多平台上实现自己的价值。拼多多平台为广大创业者提供了广阔的市场和无限的商机。同时要注意，创业有一定的风险，建议新手要多看多学，在创业的过程中不断摸索，稳步前行。

1.2　如何选择店铺类型

在我们入驻平台之前，必须得了解下都有哪些店铺类型，选择最符合自己的店铺是开店之初最该考虑的问题。根据开店所需资质来划分，店铺类型可以分为个人店铺和企业店铺。

个人店铺优势：门槛低，需要提交的手续简单。

企业店铺优势：1. 缴纳保证金少；2. 商品选择范围广；3. 报名活动优先考虑。

1.3　开店需要准备的资料

个人店铺

个人店铺的开店主体分为个人和个体工商户，需要提供的入驻资质证明和相关要求如下表所示。

项目	个人店铺		企业店铺			
店铺分类	个人商户	个体工商户	旗舰店	专卖店	专营店	普通店
需上传的资质证明	身份证原件照正反面	身份证原件照正反面、个体工商户营业执照	企业法人、店铺管理人身份信息，企业营业执照			
要求	身份证要求： 1. 必须是中国大陆身份证； 2. 身份证照片必须上传原件； 3. 距离有效期截止时间应大于1个月； 4. 证件清晰，图片不要倒置	身份证要求同个人商户。 个体工商户营业执照要求： 1. 复印件或扫描件需加盖公司公章； 2. 距离有效期截止时间应大于1个月； 3. 证件清晰，图片不要倒置	还需要其他资质和授权			

（续表）

项目	个人店铺		企业店铺			
说明	1. 个人销售自产农副产品、家庭手工业产品； 2. 个人利用自己的技能从事依法无法取得许可证的便民劳务活动，如提供图像、修图等服务； 3. 个人从事零星小额交易； 4. 其他依照法律、行政法规不需要进行登记的情况	根据营业执照的营业范围依法经营	一级独占授权，商标权利人A可开店铺类型	二级以内授权，从A手上取得授权的B可开店铺类型	三级以内授权，从B手上取得授权的C可开店铺类型	尚未注册自有商标，也没有品牌授权
优势	门槛低，需要提交的手续简单		商品选择范围广、报名活动优先考虑			

根据《中华人民共和国电子商务法》（以下简称电商法）及《网络交易监督管理办法》等相关法律法规的规定，有一部分开店主体为“个人”的商家，仍需在入驻审核通过后上传个体工商户营业执照。请关注平台“站内信”提醒。

以下四种情形无须办理市场主体登记：

◆个人销售自产农副产品（如粮油、蔬菜、果品、畜禽肉、禽蛋、水产品、茶叶、调料等产品及其加工品）；

◆个人销售家庭手工业产品；

◆个人利用自己的技能从事依法无须取得许可的便民劳务活动（如保洁、洗涤、缝纫、理发、搬家、配置钥匙、管道疏通、家电家具修理修配等）；

◆个人从事零星小额交易活动（年交易额累计不超过10万元的，且经营不属于需取得行政许可资质的商品）。

除上述四种情形外，其他网络交易经营者均应当依法办理市场主体登记（即办理营业执照），从事需要许可经营的项目（如从事食品、药品、医疗器械等商品的销售），还应办理相关行政许可资质。

企业店铺入驻资质

企业店铺需上传企业法定代表人和店铺管理人的身份证原件照（正反面），二者可以是同一人。

除此以外，企业店铺还需上传更多的资质证明文件，不同的店铺类型需上传的资质证明不完全相同。请企业店铺入驻商家依照下表确定需要上传的资质证明。

店铺类型	店铺说明	需上传的资质证明			
		企业三证	质检报告	商标注册证	授权书
旗舰店	1．经营一个或多个自有品牌的旗舰店； 2．经营一个授权品牌的旗舰店，且品牌授权为一级授权； 3．卖场型品牌（服务类商标）所有者开设的品牌旗舰店（限拼多多商城主动邀请入驻）	√	√	√	×
专卖店	1．经营一个自有品牌的专卖店； 2．经营一个授权销售品牌商品的专卖店（授权不超过二级）	√	√	√	√
专营店	经营拼多多商城同一招商大类下一个或多个品牌商品的店铺	√	√	√	√
普通店	普通企业店铺	√	×	×	×

注：品牌商标需为R标或者TM标，TM标的注册时间必须为6个月以上。

1.4　如何为店铺取名

在拼多多上开店，选择一个好的店铺名称至关重要。一个好的店铺名称不仅能吸引顾客的注意，还能体现店铺的特色和定位。

个人店铺

以下是一些关于如何为拼多多个人店铺取名的建议：

简洁明了：店铺名称应简洁易记，避免过长或复杂的名字，这样顾客更容易记住并搜索到你的店铺。

突出特色：在店铺名称中体现你的店铺特色或主打产品，例如，如果你的店铺主要售卖手工制作的皮具，那么可以在店名中加入“手工皮具”等关键词。

考虑目标客户：了解你的目标客户群体，并在店名中体现出对他们有吸引力的元素。例如，如果你的目标客户是年轻人，那么店名可以更加时尚、活泼。

避免敏感词汇：不要使用涉及政治、宗教、色情等敏感词汇，以免引起不必要的争议或违规。

检查重名：在取名前，先搜索拼多多平台是否已有相同或类似的店铺名称，避免与现有店铺重名。

易于搜索：尽量使用易于理解的词汇，这样顾客在搜索时更容易找到你的店铺。

以下是一些具体的拼多多店铺名称示例：

时尚皮具坊：这个店名简洁明了，突出了店铺的主打产品——皮具，同时“时尚”一词也符合年轻顾客的审美需求。

绿意盎然家居馆：这个店名体现了店铺的主营业务——家居用品，同时“绿意盎然”一词也传达了环保、自然的理念，吸引注重生活品质的顾客。

乐享童装屋：这个店名针对儿童服装市场，通过“乐享”一词传达出轻松愉快的购物氛围，吸引家长们的关注。

企业店铺

旗舰店命名形式

品牌（商标）权利人	品牌（商标）权利人授权商家
品牌名+旗舰店	品牌名+旗舰店
品牌名+官方旗舰店	/
品牌名+类目+旗舰店/官方旗舰店	品牌名+类目+旗舰店

注：以“官方旗舰店”命名的，店铺入驻主体应为该品牌（商标）的权利人。

专卖店命名形式

①品牌名与企业商号不一致

命名规则：品牌名+企业商号+专卖店

举例：A寻梦专卖店（A：品牌名，寻梦：企业商号）。

②品牌名与企业商号一致

命名规则：品牌名+类目名+专卖店

举例：韩潮服饰箱包专卖店（韩潮：品牌名/企业商号，服饰箱包：类目名）。

专营店命名形式

企业商号+类目名称+专营店，不得以“品牌名+专营店”命名。

举例：欧若数码专营店（欧若：企业商号，数码：类目名称）。

温馨提示：

未经拼多多许可，店铺名称、店铺标识、店铺详情均不得使用“拼多多特许”“拼多多授权”或其他带有类似含义的内容。

店铺名称不得带有电话号码、电子邮箱、网址、二维码或其他联系信息（如QQ号码、微信号码等）。

店铺名称不得有损国家、社会公共利益，不得有损民族尊严。

店铺名称不得包含夸大宣传、可能误导公众的信息。

店铺名称不得包含与经营主体无关，含除拼多多外的其他电子商务平台信息。

1.5 “0”元极速开店流程详解

拼多多为了鼓励更多商家入驻平台，开设了0元极速开店入口，开店操作流程如下。

网页端：百度搜索“拼多多”进入官网，点击“商家入驻”。

手机端：下载“拼多多商家版”APP，点击“入驻”。

以网页端为例：输入手机号、验证码、密码，点击“0元入驻”即可进入入驻页面。

选择店铺类型提交入驻资料

根据自身需要选择入驻类型，不同入驻类型需要上传的资质不同。

个人店铺： 适合个人/个体工商户，提供身份证等资料即可。

企业店铺： 适合公司/企业，提供营业执照及相关资料即可。

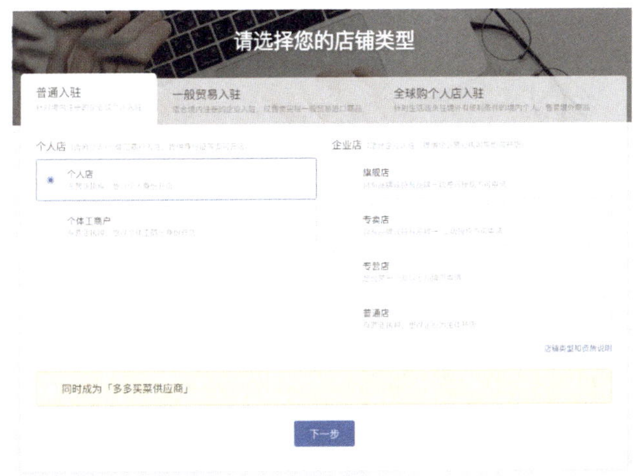

填写店铺信息及开店人信息

以个人店铺为例，填写店铺名称，可点击“查看规范”查看店铺命名规则。

同时需上传身份证正反面原件图片，系统会识别证件照信息，请仔细核对是否一致。勾选合作协议后，即可提交入驻。

1.6　特殊类目店铺入驻所需资质

书籍类

商家经营书籍类商品，需要提交营业执照和出版物经营许可证进行备案。注册个人店铺需提供入驻人所有的营业执照和出版物经营许可证，企业店铺相关证件需要由开店公司持有。

医药健康类

商家经营医药健康类目，需提交身份证、营业执照或统一社会信用代码相关证件，以及互联网药品信息服务资格证书/互联网药品交易服务资格证书/药品经营许可证/医疗器械网络销售备案凭证（4选1）即可申请入驻医药健康类目。

虚拟商品类

商家经营虚拟商品类产品，除提供常规资料外，还需提供商务局预付卡备案凭证，根据行业不同，还需要提供营业性演出许可证、旅行社业务经营许可证、增值电信业务经营许可证或特种行业许可证等。其中旅行社业务经营许可证、增值电信业务经营许可证、特种行业许可证这三个证照为企业店铺所需，商务局预付卡备案凭证和营业性演出许可证不限店铺类型。

食品酒水类

商家经营食品酒水类产品，除提供常规资料外，还需提供相应行业资质证明，如食品经营许可证、酒类流通备案登记表等。

农资类

商家经营农资类产品，除提供常规资料外，还需提供相应行业资质证明，如林木种子生产经营许可证、农作物种子生产经营许可证、种畜禽生产经营许可证、兽药经营许可证、农药经营许可证等。

1.7　店铺保证金——免去后顾之忧

店铺保证金是什么

店铺保证金，是指商家向平台缴存的，用以保证其提供优质的商品和服务，以及严格按照平台协议及各项平台规则合规经营的资金，并在商家出现违规情形时用于向用户进行赔付、赔偿平台的损失或承担其他违约责任。

拼多多平台鼓励大家“0元”入驻，先发布产品，再缴纳保证金。但如果商家想把店铺做大，获取更多利润，则还是需要缴纳保证金的，否则店铺将受到下列一项或多项限制：1. 货款提现功能受限；2. 商品发布、销售等店铺经营相关功能受限；3. 无法使用“店铺营销”功能，参与营销活动、竞价活动；4. 无法使用“店铺推广”功能，进行新建推广计划等操作；5. 拼多多认为必要的其他限制。

一般情况下，建议缴纳保证金，可以获得更多平台流量扶持，报名参与更多活动。

商家保证金类型

店铺保证金：是指商家入驻拼多多平台开设店铺，按照平台规定缴存的保证金。

活动保证金：是指店铺申请参加活动前，按照平台相关活动规则规定的标准缴存的保证金。

预售增值服务保证金：是指店铺开通预售增值服务时，按照平台规则规定的标准缴存的保证金。

特殊保证金：是指拼多多有权综合商家对平台协议及规则的遵守情况、履行情况以及售后、投诉、调查情况等因素自主决定对商家店铺资金采取限制提现措施以作为特殊保证金，用于对第三方进行赔付、赔偿平台损失或支付其他应由商家承担的款项或费用。

店铺保证金费用

基础店铺保证金1000元。店铺发布特定商品的，除缴存基础店铺保证金外，还应缴存特殊店铺保证金，具体如下表所示。

一级分类	二级分类	三级分类	四级分类	特殊店铺保证金（单位：元）
二手数码	（全部）	（全部）	—	20000
居家日用	热水袋	电热水袋	—	20000
电动车/配件/交通工具	电动车零/配件	电动车电池	—	20000
	电动车整车	电动四轮车	—	20000
宠物/宠物食品及用品	狗狗	狗狗	—	5000
	猫咪	猫咪	—	5000
鲜花园艺/绿植仿真/园林设备	生活鲜花	周期订阅鲜花	（全部）	10000
大家电	热水器	（全部）	—	20000
	厨房大电	油烟机	—	20000
		燃气灶	—	20000
		烟灶消套装	—	20000
		集成灶	—	20000
		嵌入式烤箱	—	20000
		嵌入式蒸箱	—	20000
		嵌入式微波炉	—	20000
		（其他）	—	10000
	（其他）	（全部）	—	10000
生活电器	电热水袋	电热水袋	—	20000
厨房电器	电压力锅	电压力锅	—	20000
个人护理保健	按摩器材	足浴器	—	20000
水产肉类/新鲜蔬果/熟食	海鲜/水产品/制品	生鲜提货券	大闸蟹提货券	50000
			海鲜礼盒卡券	50000
	（其他）	（全部）		8000

（续表）

一级分类	二级分类	三级分类	四级分类	特殊店铺保证金（单位：元）
新车/二手车	（全部）		—	100000
家装主材	厨房	厨房龙头	电热水龙头	20000
装修设计/施工/监理	（全部）			50000
医疗健康服务	除泛健康管理外	（全部）	—	50000
珠宝/钻石/翡翠/黄金	K金首饰	投资贵金属	—	49000
		（其他）	—	5000
	铂金/PT	投资贵金属	—	49000
		（其他）	—	5000
	黄金首饰	投资贵金属	—	49000
		（其他）	—	5000
	天然钻石	（全部）	—	5000
手机	（全部）		—	20000
电影/演出/体育赛事	（全部）		—	40000
个性定制/设计服务	（全部）		—	40000
购物卡/礼品卡/代金券	（全部）			40000
教育培训	技能培训	除技能培训（线下）外	—	40000
	教学服务	除口译服务外	—	40000
	生活兴趣培训	除生活兴趣培训（线下）外	—	40000
	学科辅导	除学科辅导（线下）外	—	40000

（续表）

一级分类	二级分类	三级分类	四级分类	特殊店铺保证金（单位：元）
教育培训	学历/职业资格考试	除学历教育培训（线下）、自学考试培训（线下）、其他学历/职业资格考试（线下）外	—	40000
	语言培训	除语言培训（线下）外	—	40000
景点门票/周边游	（全部）		—	8000
旅游路线/商品/服务	（全部）		—	8000
生活缴费	加油卡	实体加油卡	—	990000
		加油充值卡	—	90000
	（其他）	（全部）	—	40000
影视/会员/腾讯QQ专区	（全部）		—	40000
特价酒店/客栈/公寓旅馆	（全部）		—	8000
网络服务/软件	（全部）		—	40000
网上营业厅	（全部）		—	40000
游戏服务/直播	（全部）		—	40000

说明：

1. 商家在同一家店铺（以店铺ID为准）发布不同分类的商品时，只需按照金额最高的商品分类缴纳特殊店铺保证金。例如：商家在同一家店铺内同时发布“周期订阅鲜花”及“热水器”分类下的商品，则商家只需缴纳20000元特殊店铺保证金（针对热水器分类），无须针对“周期订阅鲜花”分类下的商品额外缴纳10000元特殊店铺保证金。

2. 平台其他规则对店铺保证金另有特殊规定的，从其规定。

店铺保证金调整

平台有权每月根据店铺上个自然月的成交金额，按照下表所列标准对其基础店铺保证金进行调整。若店铺账户内的基础店铺保证金余额高于其上个自然月成交金额所对应的基础店铺保证金标准的，则店铺保证金不予调整。

上个自然月成交金额（x）（单位：元）	保证金标准（单位：元）
x＞500000	10000
100000＜x≤500000	5000
50000＜x≤100000	2000

店铺保证金补缴

拼多多平台根据平台相关规定调整商家店铺保证金或扣划商家店铺保证金，导致商家店铺保证金余额低于其应缴存店铺保证金标准的，平台有权做出如下处理：

（1）要求商家在出现该等情况后3个自然日内补缴足额的店铺保证金；

（2）自店铺账户货款或活动保证金余额中划转相应金额予以补足。

商家未在规定期限内补足店铺保证金，或者货款及活动保证金余额不足以补足店铺保证金的，平台有权终止平台协议，停止服务。

店铺保证金退回

商家申请退店或平台关闭店铺的，平台可根据《拼多多退店规则》之规定，选择将店铺保证金余额退还至店铺提现账户或者按照原支付方式退回。

1.8　店铺升级指南——如何将个人店铺升级为企业店铺

店铺升级是指在不影响正常经营的前提下，将店铺的经营主体由个人变更为企业，同时保留店铺的经营数据的行为。

个人店入驻人与要升级企业的关系

必须满足以下这两个条件的其中之一：

① 个人店入驻人是要升级企业的法定代表人；

② 个人店入驻人是要升级企业的股东。

后台操作流程

第一步：店铺升级的入口在拼多多商家管理后台的“店铺管理”—“店铺信息”—“店铺升级”中。从上述路径可进入以下界面。

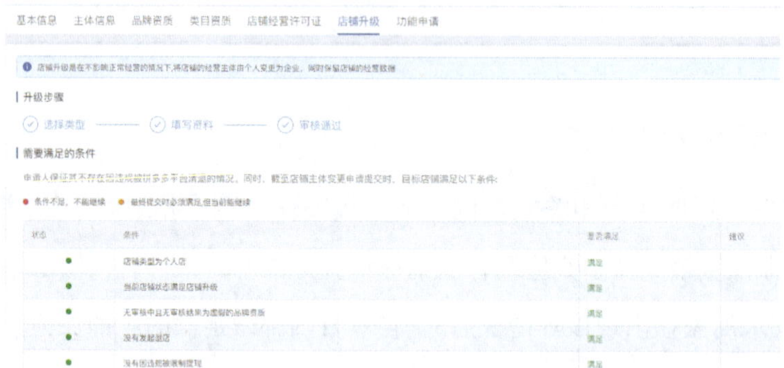

第二步：需要对你的店铺是否满足升级条件做一个检测。具体要求和条件如下。

（1）个人店入驻人是要升级企业的股东或法定代表人。

（2）满足以下条件：

①店铺类型为个人店。

②当前店铺状态满足店铺升级。

③无审核中的品牌资质。

④没有发起退店。

⑤没有因违规被限制提现。

⑥无提现中的资金。

⑦已解绑提现账户。

⑧店铺未处于三级限制中。

⑨无审核中的店铺经营许可证。

⑩店铺保证金未欠费（最终提交时必须满足，当前未满足仍能继续申请）。

第三步：阅读并同意申请书，点击“下一步”进入下一界面。

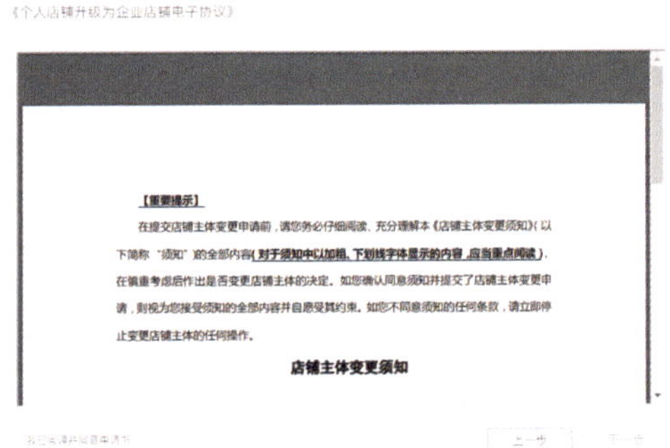

第四步：选择与企业的关系，有法人和股东两个选项，并在此界面提交相应资料。

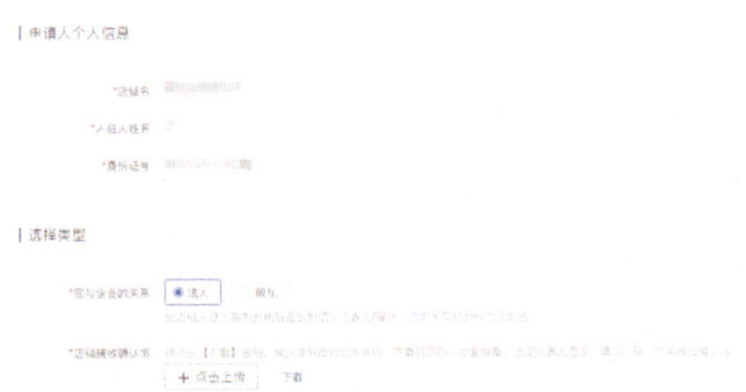

提交店铺接收确认书，具体途径：店铺升级页—点击店铺接收确认书旁边下载按钮—输入要升级的公司名称—点击下载—打印，盖章签字填写日期（需加盖升级公司公章且需法定代表人亲笔签名），拍照或扫描上传。

第五步：个人店入驻人进行人脸识别。

第六步：选择升级的企业店铺类型（普通、专营、专卖、旗舰店）、主营类目，并按照命名要求正确填写店铺名，便于升级成功。

第七步：耐心等待7个工作日，平台完成审核后可在店铺信息—店铺升级上查看。

第2章

选款、测款及定价

2.1　如何寻找高性价比货源

利用批发平台：借助1688、搜款网等批发平台，可以搜索到大量的货源信息。在这些平台上，你可以根据行业关键词找到热门产品，并通过对比价格、质量、评价等信息，筛选出高性价比的货源。

联系厂家或品牌方：直接联系产品的生产厂家或品牌方，可以获取一手货源，并有机会获得更优惠的价格和更好的售后服务。你可以通过搜索引擎、行业展会等途径找到厂家或品牌方的联系方式。

与同行交流：加入拼多多商家社群或行业交流群，与同行交流经验和货源信息，可以帮助你了解市场趋势和优质货源渠道。通过分享和互助，你可以获得更多的货源线索和采购建议。

关注促销活动：拼多多经常会举办各种促销活动，如限时秒杀、拼团等。在这些活动中，你可以找到一些性价比高的产品，并考虑与供应商建立长期合作关系。

分析销售数据：通过分析拼多多平台上的销售数据，了解哪些产品销量好、评价高，从而找到潜在的优质货源。同时，你也可以关注消费者的反馈和需求，调整自己的选品策略。

在寻找高性价比货源的过程中，还需要注意以下几点：

1. 确保货源的稳定性：选择有稳定供货能力的供应商，避免货源中断影响销售。

2. 注重产品质量：产品质量是消费者选择产品的重要因素，选择质量可靠的产品有助于提升店铺口碑和销量。

3. 考虑成本：在选择货源时，要综合考虑产品的价格、运输成本等因素，确保整体成本控制在合理范围内。

总之，寻找高性价比货源需要耐心和细心，通过多渠道搜索、与供应商建立良好关系、关注市场趋势等方式，你可以逐渐找到适合自己的优质货源。

2.2 如何去选出潜力爆款？——市场即正义

选款是迈向成功的关键一步，成功挑选出符合市场需求的款式，就意味着你已经踏上了成功之路！接下来，我们将聚焦于为新手商家量身定制的几种实用选款方法，旨在助力大家更加精准地把握市场脉搏，开启盈利之旅。

利用可以反映市场情况的渠道信息去选款

（1）首页/竞价活动，能上首页的商品意味着是已经通过“优胜劣汰”后很可能成为爆款或已经推爆的商品，我们可以从这些商品中嗅到当下市场风向，另进入“商家管理后台”—“店铺营销”—“竞价活动”，可以查看到平台所有的竞价活动的产品。从这些产品中去得到选款的方向不失为一种有效方法。

（2）多多进宝首页，进入“多多进宝网页”—“马上赚钱”，可以看到首页呈现很多正在推广的产品，可以根据销量和店铺主营类目去看对自己选款有借鉴意义的商品。

（3）其他平台（如短视频平台和电商平台），网红爆款、同类大品牌商品以往热销款式对我们选款的参考价值是非常高的，另外，对于其他购物平台没有推爆，但适合本土孵化的款式也是可以作为选款参考的。

利用拼多多的商品图片搜索工具去选款

拼多多APP中的搜索界面可以支持拍照或者上传图片来查找同款，确定款式是否热销。

利用后台数据信息去选款

自然选款的道理非常简单粗暴，不会选出市场喜欢的款，那就直接让市场来帮我选！首先上架所有的商品，销量最高的就是热销款（注意会受价格、品质等影响，同时建议运营推广30天以上，时间过短无法说明问题）。

可以利用基础运营数据进行选款，进入“商家管理后台”—“数据中心”—“商品数据”—“商品明细”查看数据，从商品浏览量、商品点击量、客户咨询量、订单数量这四个数据来看潜力爆款。还可重点关注支付转化率，利用支付转化率来给店铺商品进行排序，数据表现较好的可以作为选主推款备选。

另外，我们可以从客服数据获得市场信息，客户咨询最多的商品或者询单转化率较好的商品都可以作为我们的选款依据。

总的来说，要想商品在市场中脱颖而出，一定要把握两点：

（1）紧跟市场，寻找当下市场喜爱的流行属性。

（2）打造产品的差异性，可以从一开始的选款时就注意产品的差异性，也可以在选款之后在商品详情页和推广上突出产品的差异性。

2.3　如何测款？——用心寻找用户最爱的款

面对店铺内多款商品同时推广的困境，是否感到力不从心，投入不少却未见明显收益？是推广策略失效导致流量稀缺，还是即便有流量也难以转化为点击与购买？优化主图与标题后，点击率依旧低迷；调整详情页设计，转化率也未见显著提升；加大推广投入，ROI（投资回报率）仍难有起色。

推广只是引导消费者的桥梁，而商品自身的吸引力和市场需求才是促成交易的核心。因此，选款与测款环节的市场验证至关重要。

测款，作为风险管理的一大利器，能帮助商家有效规避市场反应冷淡的款式，避免资源浪费。通过数据洞察，商家可为店铺商品实施差异化布局，比如确立主推款与辅助款，依据各款特性定制营销策略，实现预算的最大化效益。同时，测款还能指导库存优化，依据市场反馈预测销售趋势，精准备货，减少积压风险。

值得注意的是，新商品在缺乏基础销量与评价时，并非理想的测款时机。建议待商品积累一定销量与正面评价后，再启动测款流程。至于测款的具体操作，可参考以下图示，通过科学方法评估商品市场潜力，为店铺的持续发展奠定坚实基础。

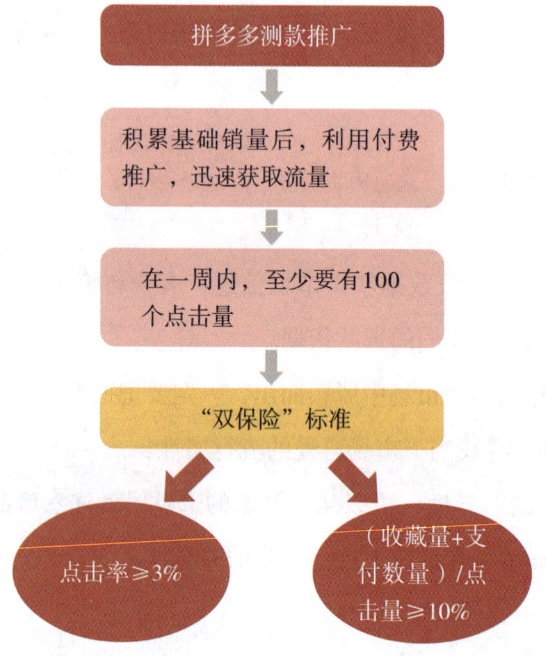

根据“（收藏+支付）/点击量”的不同比率，对产品做出相应的调整，如淘汰、进一步优化，直至测款成功。

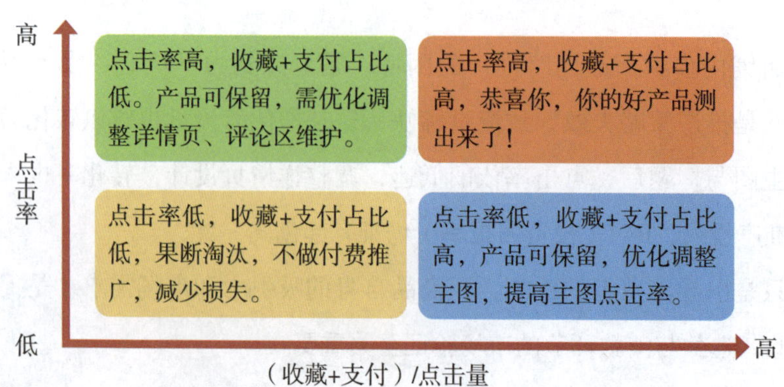

2.4　如何定价？——定好价格≠一味压低价格

商品的定价是一个综合考虑多个因素的过程，以确保商品在平台上具有竞争力同时又能保证商家的利润，以下是几种定价方法供参考：

成本定价

这是最基本的定价方式，商家根据商品的成本（包括产品出厂价、快递费、包装费等）加上期望的利润来确定价格。这种定价方式通常以低价跑量为主，旨在通过大量销售来实现利润。

竞品定价

商家会参考竞争对手的定价策略，了解他们的客单价、活动价格、价格设置和优惠等信息，以确保自己的价格具有竞争力。这有助于商家跟上市场趋势，吸引消费者。

选择销量较高竞品的定价作为参考，这是比较基础的定价方法，但需要注意的是，不仅要关注竞品的销售价格，还需关注他们报活动、上资源位的价格，店铺优惠券的因素也得考虑。切忌违反价格规律、陷入价格战。

根据消费者心理定价

尾数定价策略

尾数定价，也称为奇数定价，是指利用消费者对数字的认知心理，将产品价格设置为带有尾数（尤其是小数点后一位或两位）的价格，如9.99元、19.9元、99元等。而非10元、20元或者100元。这种策略能够给消费者留下价格较为精确和经过认真核算的印象，同时让他们感觉价格更低，从而增加购买意愿。研究表明，尾数定价能够有效提升销量和消费者满意度。

招徕定价策略

招徕定价策略是指零售商利用部分顾客求廉的心理，特意将某几种商品的价格定得较低以吸引顾客。这些低价商品往往作为“诱饵”，吸引顾客进店并浏览其他正常价格的商品。通过这种方式，可以增加店铺的人流量和曝光率，从而提升整体销量和利润。例如某袜子商家，设置产品SKU为：透气薄款1双5.8元，纯棉升级款1双9.9元。用低价的透气薄款袜吸引顾客进店，从而产生下单行为。

反向定价

在成本价的基础上，根据未来的活动规划和营销工具的使用去定价，留下报名活动和店铺日常营销的操作空间。如根据大促8折、秒杀9折、限时限量购9.5折倒推出商品定价，中小卖家尽量测算出保本定价，即在保证不亏或者微亏的情况下，上平台活动获取流量。

货品结构定价

店铺货品结构不同，制定的运营策略和预计的推广资金也会有所不同，例如商品可以分为引流款、日常款、利润款等，明确店铺货品结构再进行定价，更有助于商品的良性发展。

定价不仅需要考虑商品的成本，还需考虑包装费用、退换货成本、快递费用和日常开支（人工开支、租金等），若有推广计划，则可以在定价时就考虑算入推广费用，为后续的推广保驾护航。

第3章

后台操作

学会拼多多商家后台操作至关重要。它不仅是管理店铺的基石，更是提升经营效率、优化客户体验的关键。熟练掌握后台的各项功能，能够助力商家精准把握市场动态，灵活调整经营策略，实现销售增长和品牌提升。因此，对于拼多多商家而言，掌握后台操作是不可或缺的技能。下图为拼多多商家后台首页：

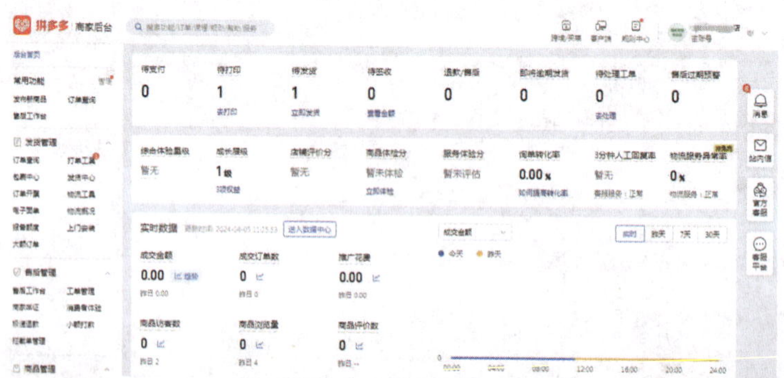

左侧为导航栏，导航栏分为：发货管理、售后管理、商品管理、推广平台、数据中心、店铺营销、账户资金、店铺管理、多多客服、多多进宝、采购管理、品牌管理、成长中心、商家服务市场十四个模块。

上方标题栏有：跨境/买菜、客户端、规则中心。

右侧悬浮窗有：消息、站内信、官方客服、客服平台。

下面将逐一介绍导航栏的几个重要模块。

3.1 “发货管理”模块

发货管理模块有如下11个功能：订单查询、打单工具、包裹中心、发货中心、订单开票、物流工具、电子面单、物流概况、报备额度、上门安装、大额订单。

订单查询

如图所示为订单查询页面，可以查到所有状态的订单，包括待发货、已发货、拍下未付款、退款成功、退款中的订单。

打单工具

如图为打单工具页面，可以进行打单发货、手工录入订单、查看打印日志、查看免单日志、代发管理、售后管理、面单共享等功能。同时，商家可以查看售后和异常订单，以便及时处理，避免延迟发货和客户投诉。

如图为包裹中心页面，在包裹中心页面，可以快速查看“揽收超时”“派件超时”“即将揽件超时”“物流停滞”“超时未派签”的订单。商家可以根据包裹中心数据，及时跟进物流情况，确保商品及时准确送达消费者手中。

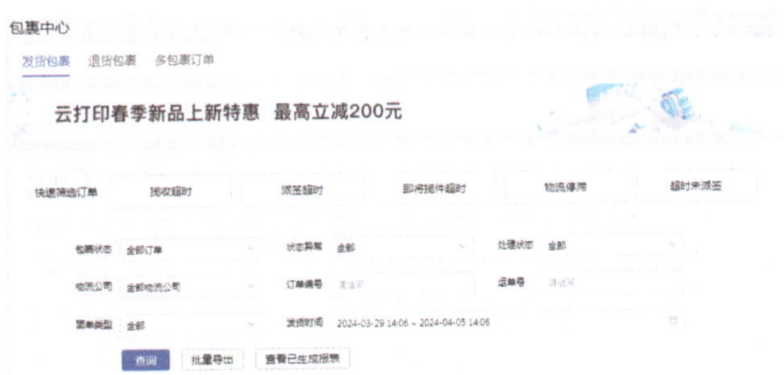

订单开票

如图为订单开票页面，拼多多支持买家在后台直接申请开具发票，商家开具发票后，即可在订单开票页面查询到需要开发票的订单，并上传发票。

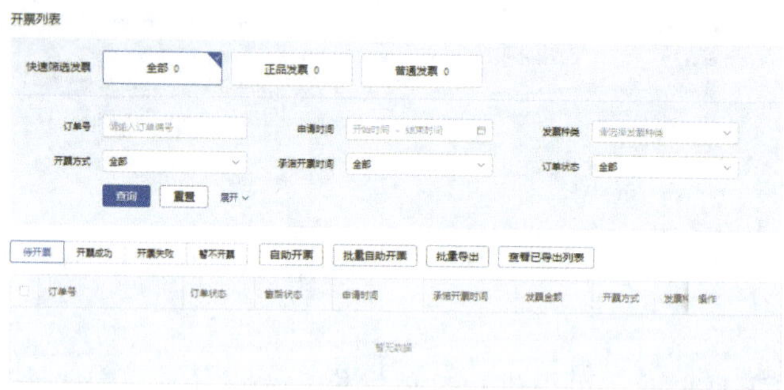

物流工具

如图为物流工具页面，商家可以设置运费模板和送货上门模板，设置发货地址及退货地址。

物流概况

如图为物流概况页面，可以查看成交到发货、成交到揽件、成交到签收、发货到签收、揽件到签收、物流投诉率、物流详情完整度、发货单量数据，还可以查看各个物流公司的物流投诉率以及物流DSR，以便商家选择服务更加优质的物流公司。

物流数据 最近30天 2024-03-06 - 2024-04-05

成交到发货	成交到揽件	成交到签收	发货到签收	揽件到签收
17.28 小时	16.08 小时	74.88 小时	55.20 小时	54.96 小时
较前30天 +44 %	较前30天 -35.57 %	较前30天 -33.61 %	较前30天 -46.88 %	较前30天 -40.05 %

物流投诉率	物流详情完整度	发货单量
0.00 %	15.83 %	465
较前30天 -100 %	较前30天 -27.74 %	较前30天 +15.67 %

物流指标 主要发货地 广东省

快递公司	发货到签收(时)	揽收到签收(时)	物流投诉率(%)	物流DSR
邮政快递包裹	76.56	68.54	0.12	4.878
邮政电商标快	71.52	64.32	0.17	4.9063
德邦快递	64.80	60.00	0.24	4.927
申通快递	60.00	51.12	0.09	4.8783

3.2　“售后管理”模块

售后工作台

下图为售后工作台页面，可以查看消费者服务体验分、售后数据、售后单查询。售后单可以查询到三种售后状态的订单：未发货—仅退款，已发货—仅退款—退货退款，补寄。

消费者服务体验分

指衡量消费者服务体验的综合性指标，反映了店铺长期服务保障能力及解决消费者问题的能力。分值为0–5分，分数越高则说明商家的服务能力越好，分数每日更新。

消费者服务体验分会影响什么？

店铺流量

基础体验分、商品体验分或服务态度体验分近日在同行中表现垫底时，将可能被平台二级限制，即商品被移除资源位、禁止上资源位、移除广告、禁止上新、禁止上架、限制搜索推荐的流量等。

活动报名/活动清退

体验分过低或消费者负向反馈订单较多时，会被限制报名平台活动，如百亿补贴、多多果园、砍价免费拿等，同时正在参加活动的商品会被清退。

商家权益

体验分满足一定条件时可享受以下权益（但不限于）：获得维权申诉次数、举报恶意售后、获得服务标等。权益类型将逐渐增加，具体关注体验分页面提示信息。

消费者服务体验分如何计算?

消费者服务体验分从服务态度、商品体验、发货体验、物流体验、基础服务体验五个维度进行评估。

消费者服务体验分	指标	指标说明
服务态度体验分（新增）	近90天不良服务态度行为占比	近90天不良服务态度行为占比=近90天，存在不良服务态度行为的订单量/消费者向商家求助的总订单量 注：不良服务态度行为指，消费者求助商家后出现商家辱骂消费者、长期不回复、敷衍等行为
	近90天严重不良服务态度行为占比	近90天严重不良服务态度行为占比=近90天，存在严重不良服务态度行为的订单量/消费者向商家求助的总订单量 注：严重不良服务态度行为指，消费者求助商家后出现商家辱骂消费者、长期不回复等行为
商品体验分	近90天商品求助率	近90天商品求助率=近90天，就商品问题，消费者有求助商家或平台的订单量/近90天的订单量
	近90天商品求助平台率	近90天商品求助平台率=近90天，就商品问题，消费者有求助平台的订单量/近90天的订单量
发货体验分	近90天发货求助率	近90天发货求助率=近90天，就发货问题，消费者有求助商家或平台的订单量/近90天的订单量
	近90天发货求助平台率	近90天发货求助平台率=近90天，就发货问题，消费者有求助平台的订单量/近90天的订单量

（续表）

消费者服务体验分	指标	指标说明
物流体验分	近90天物流求助率	近90天物流求助率=近90天，就物流问题，消费者有求助商家或平台的订单量/近90天的订单量
	近90天物流求助平台率	近90天物流求助平台率=近90天，就物流问题，消费者有求助平台的订单量/近90天的订单量
基础服务体验分	近90天求助平台率	近90天求助平台率=近90天，消费者有求助平台的订单量/近90天的订单量
	3分钟人工回复率	3分钟人工回复率=（近30天咨询人数-近30天3分钟未人工回复累计）/近30天咨询人数 注：1．仅计算8:00-23:00的咨询； 2．用户有任意一条超过3分钟未人工回复，则该用户计入3分钟未人工回复累计
	近30天纠纷退款率	近30天纠纷退款率=近30天由平台介入判定商家责任且退款成功的订单数量/近30天全部成团的订单数量

注：

①求助是指消费者有针对商品、发货、物流、服务等问题向商家或者平台负向反馈的行为。

②计算时，分子剔除异常订单、非商责订单、仅在成团前有求助的订单。降低求助率和求助平台率有利于体验分的提升。

③体验分以近90天的消费者服务数据为基础，评估店铺长期服务水平。但同时会考虑近期消费者服务数据变化，若近日在同行中表现垫底，亦可能会触发预警/处罚机制。

消费者服务体验分如何提升?

方法一：友好协商、积极解决问题

商家要对消费者求助的问题及时回复、积极解决并友好协商，避免因协商不一致或回复不及时导致消费者上升问题求助平台。

方法二：针对性改善店铺问题

可在体验分页面查看消费者求助数据，该板块总结了消费者主动向平台负向反馈的问题和商品，商家可针对性地改善店铺问题。

方法三：完成服务激励任务，避免服务处罚

可在网页版体验分页面查看服务激励分，通过完成服务激励任务来加速提升体

验分，比如提升工单完结率、缩短客服首响时长和退款时长等。但在积极完成任务时也要避免出现任何违规行为。

工单管理

可以查看工单量、违规处理量、违规处理率、完结率、有效完结率，并可进行工单查询。商家需及时处理工单，以免产生售后问题。

商家举证

若商家对平台售后单评判有异议，商家需要在规定时间内提供举证材料，举证材料将影响平台客服的判责结果。若超时未举证或举证未通过，将判定为商家的责任，计入纠纷退款售后指标。

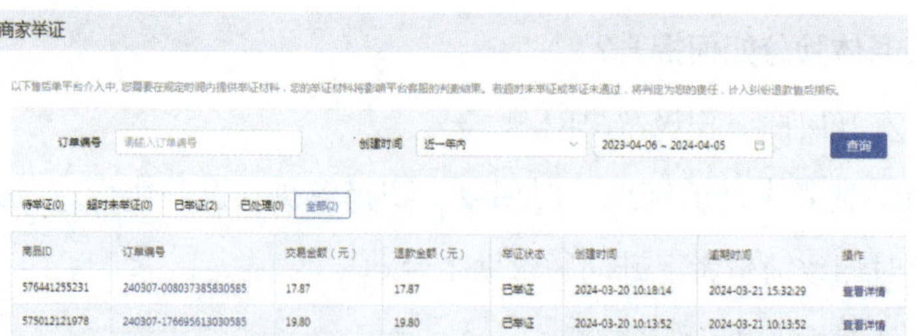

商品ID	订单编号	交易金额（元）	退款金额（元）	举证状态	创建时间	逾期时间	操作
576441255231	240307-008037385830585	17.87	17.87	已举证	2024-03-20 10:18:14	2024-03-21 15:32:29	查看详情
575012121978	240307-176695613030585	19.80	19.80	已举证	2024-03-20 10:13:52	2024-03-21 10:13:52	查看详情

消费者体验

拼多多平台为了让消费者有更好的购物体验，鼓励商家开通“消费者体验”计划，开通“消费者体验”计划的商家，可以享受专属标识、平台活动优先权、流量支持、退货包运费等权利。在搜索页、列表页、商品详情页、下单页、订单页都有相应的标识。下图为消费者体验展示位置：

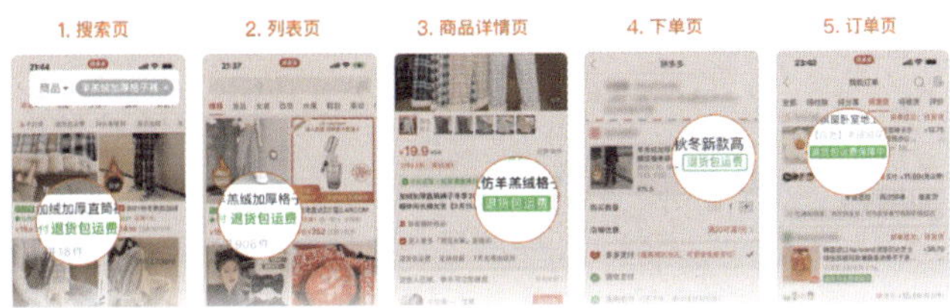

开通“消费者体验”计划，消费者可享受运费补贴。对支持运费补贴的订单，在订单发货至发货后的90天期间，消费者发生退换货或维修，符合特定条件后，会补偿退换货或维修产生的首重物流费用给消费者。

3.3　“商品管理”模块

商品管理模板主要功能包括：商品列表、评价管理、发布新商品、商品体验、供货管理、商品素材、商品工具、机会商品、类目服务费。

下图为商品列表页面，可以查看在售中、已下架、已售罄、发布中、已驳回、草稿箱里面的商品。新上架的商品会显示在“发布中”，若系统审核无问题，则商品会显示在“在售中”一栏。若商品标题、页面、主题等有问题，系统会将商品驳回，显示在“已驳回”列表中。需要按照提示修改后重新提交审核，审核通过后方可上架销售。

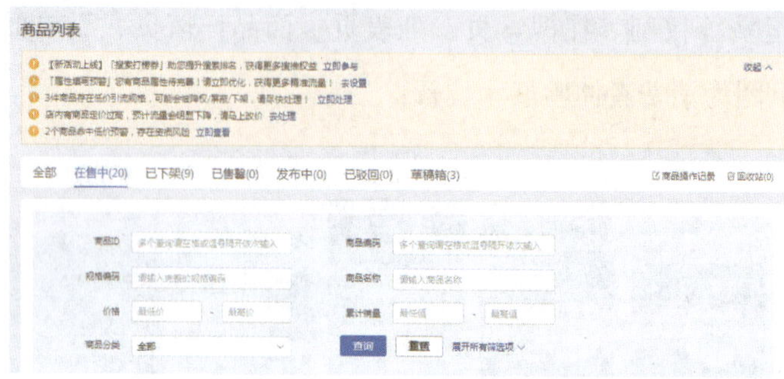

在此页面中，也可以发布新商品，点击“发布新商品”，第一步是选择分类，为你的商品选择合适的类目进行发布。

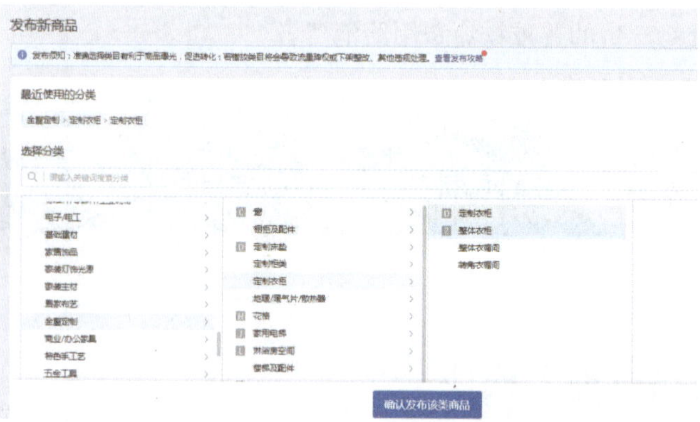

填写商品信息时，需准确、详细地填写商品标题及属性，上传商品视频、商品页面、商品素材（即商品白底图），白底图主要在首页、分类、品牌馆等场景下使用，可以获取更多流量。

商品白底图需遵循如下规则：

商品图保证有效像素的宽或高不小于70%。

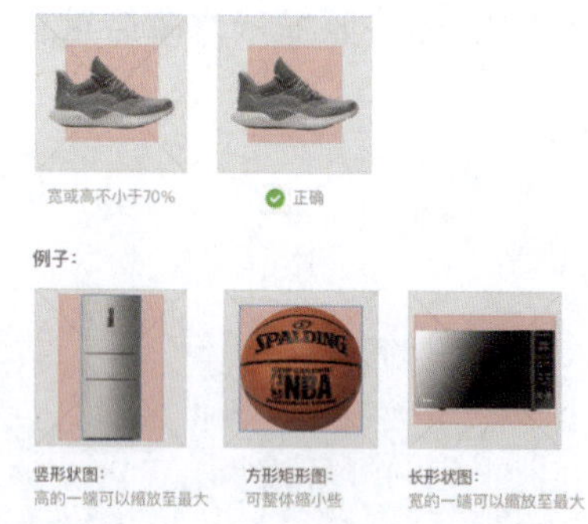

建议：不同形状的图形，建议使用以上放置方法，可使图片整体更加美观。

商品图规则

完整展示商品的正面，清晰完整，有质感，无任何投影

图片位置规则

仅有完整的商品本身，整体居中。商品不可被截断，需展示全貌，不可放文字等其他元素。

3.4　“数据中心”模块

数据中心可以查看商品数据、交易数据、服务数据、经营总览、流量数据、粉丝数据。这些数据可以帮助商家在运营中选择潜力产品，制定运营策略，实现销售最大化。

商品数据

商品数据中包括商品概况、商品明细、商品榜单。实时数据可以体现实时的访客数、浏览数、支付订单数、成交额、支付转化率、被访问商品数。统计数据可以查看昨天、近7天、近30天商品各项数据。

还可参考同行均值和同行优秀值，以此找出自己店铺和同行的差距，进一步优化提升店铺综合数据。

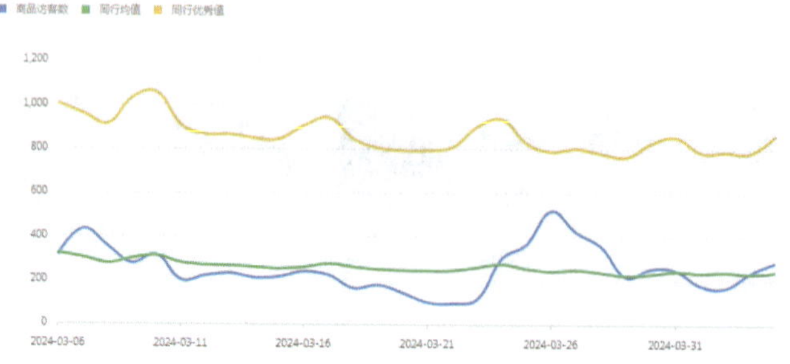

交易数据

交易数据中可以看到店铺数据总览，可选择昨天、近7天、近30天或自定义日期进行数据查看。

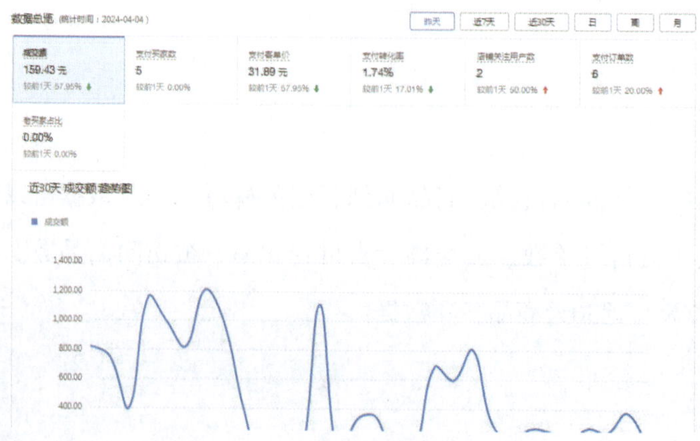

服务数据

服务数据包含了成长层级、星级/领航员、售后数据、评价数据、客服数据、消费者体验指标。拼多多系统根据近30天日均交易额将店铺分为六个层级。不同层级有对应不同的权益，努力做到更高层级，可以获取和专属平台小二对接等权益。

3.5　“店铺营销”模块

店铺营销模块中，包括营销活动、营销工具、爆款竞价、多多视频、新客立减、营销竞价、多多直播、平台招标、短信营销、膨胀券、好价权益。

营销活动

营销活动页面中可以看到活动数据，包括活动商品数、活动商品售出件数、活动商品支付金额、活动商品访客数，以此分析每个商品的活动效果。

活动数据 更新时间 2024-04-05

活动商品数	活动商品售出件数	活动商品支付金额	活动商品访客数
10 在售20	--	86.21元	227
较前1日 0%	较前1日 --	较前1日 ↑82%	较前1日 ↑75%

营销活动页面下方有众多平台活动，商家可以根据自身商品情况，选择合适自己的活动进行报名，来获取活动流量。

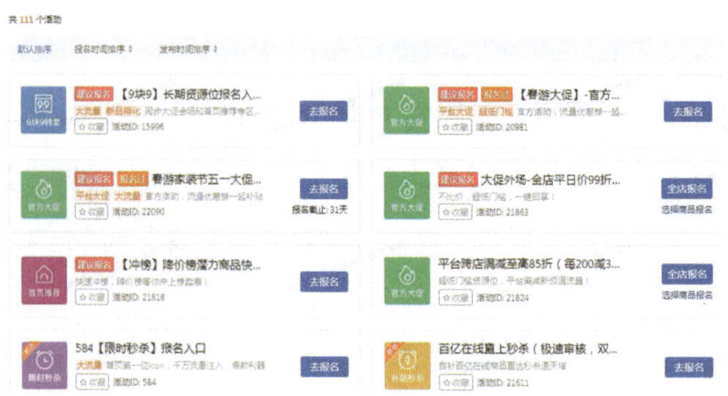

在“营销活动—报名记录”页面，可以看到每款产品的活动详情，包括活动名称、提交时间、活动价格、活动状态。在活动报名完成后，记得到这个页面来检查一下活动价格，如果不小心报错价格，可能会给店铺带来损失。

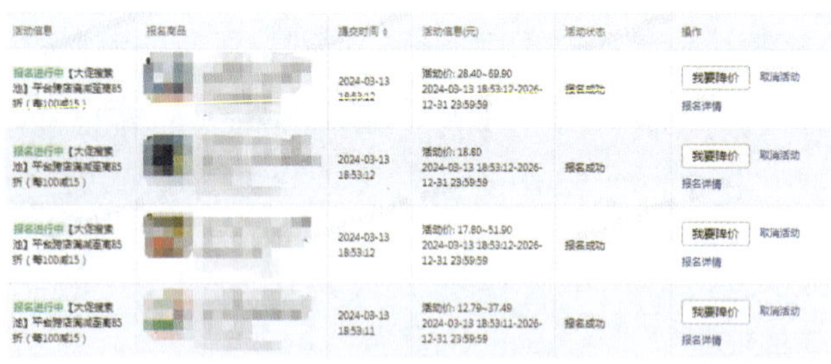

爆款竞价

爆款竞价是利用商品价格优势快速获得巨大流量的一种活动。全网热销商品会在竞价页面展示，如果你店铺的商品与其样式、规格、材质等方面基本相同，并且你的报价更低，就可以参与竞价。

爆款竞价报名要求

①要求商家必须符合活动门槛，并且匹配热销规格。

②要求商家满足低于全网最低价（即报名商品建议价），商家可以根据自己的情况自行在全网最低价的基础上降低各个SKU的价格，来提高自己的中标概率。

注意：对于报名进来的商家，系统会持续进行资质查询，如果不满足要求或者发现违规现象，系统会清退活动报名。

竞价中标的优势

①广告保量流量：可以免费获得金猪赚大钱、多多果园等广告场景的流量。

②搜索保量流量：可以提高商品搜索权重。

③推送至个性化首页资源位，流量精准导向目标人群，转化率更高。

④推送9块9资源位（须要达成9块9的活动门槛）。

⑤继承参考商品的销量和评论。

竞价活动最新更新：报名标有“大流量”标签的商品，竞价成功后有机会获得更多的流量倾斜，帮助你的商品在首页脱颖而出，C位出道！

3.6　“账户资金”模块

资金中心首页可以查看商家货款账户金额、营销账户金额、店铺保证金、活动保证金、提现记录。

资金中心—对账中心可查看日账单、月账单，导出货款明细，让你每一笔交易和扣款清楚明了。

资金中心—发票管理，商家可向拼多多平台申请发票，如平台收取的技术服务费、消费者体验提升计划服务扣费、多多进宝扣费、推广费等，均可申请平台开具发票。

3.7 “店铺管理”模块

违规信息

违规信息包括：店铺违规管理、店铺/商品违规、违规申诉/整改、直播违规、售后服务违规。商家需要经常查看违规信息，及时处理，同时需不断总结，尽量避免再有类似违规情况发生。如图为违规信息页面。

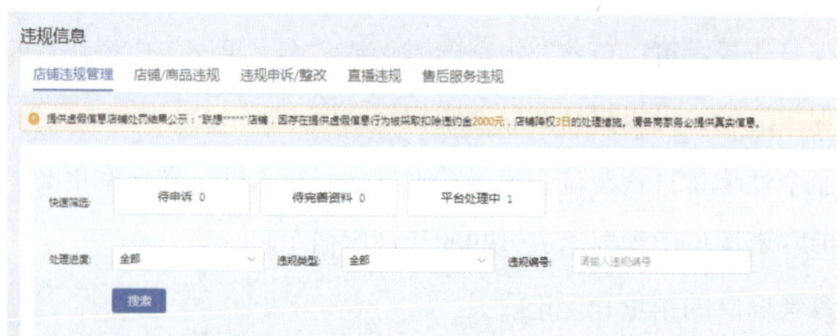

订单申诉

如果对一些订单的平台判定有异议，商家可以进行订单申诉。需要注意的是，订单申诉需在平台规定时间内进行，过期将无法申诉，因此商家需要及时申诉，挽回一些不必要的损失。申诉类型包括：

异常单申诉

可申诉非正常消费目的或买家原因导致无法正常发货的订单。

恶意投诉申诉

可申诉同行或消费者利用物流投诉或品质退款进行敲诈、恶性竞争的订单。注意：每家店铺每个月有10次申诉机会，如果提交的申请被平台审核通过，则会恢复1次申诉机会。

技术/推广软件服务费申诉

可申诉因消费者异常下单行为导致的技术服务费、推广软件服务费。

售后申诉

可申诉商家无责的纠纷退款、赔付退款及消费者退货异常的极速退款。

消费者负向体验申诉

可申诉商家无责的消费者负向体验扣罚。

集运问题处理

可查看和处理“平台补贴直发新疆”运费等问题。

第4章

简单、实用、转化率爆表的店铺装修

4.1　如何判断我的店铺装修好不好

评估店铺装修效果时，两大核心指标——点击率与转化率，扮演着举足轻重的角色。以下是对这两个指标如何具体反映并指导店铺装修优化效果的深入解析。

点击率：吸引目光的初步考验

点击率是指用户看到你的店铺或商品图片后，实际点击进去查看的比例。高点击率通常意味着你的店铺装修在视觉上吸引人，能够引起用户的兴趣。通常情况下，点击率越高，代表图片质量越好。

例如，右图是卖番薯的主图，颜色鲜艳，有流出蜜汁的感觉。同时写明卖点，假一赔十，并且是亏本销售。诱人的主图加上吸引人的文案，让人忍不住点进去看看，从而产生购买。

在制作主图时，可多参考同行主图的拍摄角度、色彩以及文案。多个主图进行测试，选择出点击率最佳的主图。

百万秒拼正宗山东烟薯25号蜜薯新鲜现挖沙地红薯超甜糖心番薯批发

¥13.8

转化率：促成交易的最终检验

转化率是指用户点击进入你的店铺后，实际进行购买或其他你期望的行为（如加入购物车、关注店铺等）的比例。高转化率意味着你的店铺装修不仅吸引人，而且能够有效地引导用户完成购买。以下是一些判断转化率高低的方法：

对比历史数据：观察你的店铺装修调整前后的转化率变化，如果转化率有所提升，那说明新的装修方案更有助于促进用户购买。

分析用户行为：利用拼多多提供的数据分析工具，观察用户在店铺内的行为路径，了解他们在哪些环节流失，从而针对性地优化店铺装修。

考虑其他因素：转化率受多种因素影响，包括商品价格、促销活动、客服响应速度等。因此，在判断店铺装修效果时，也要综合考虑这些因素。

4.2 如何做出高点击率、高转化率的图片

要做出高点击率的图片，你需要综合考虑多个因素，包括图片的内容、设计、视觉效果以及吸引力等。以下是一些具体的建议和步骤：

了解目标受众

首先，你需要明确你店铺产品的目标受众是谁。他们的年龄、性别、兴趣爱好以及购买习惯等都会影响他们对图片的感知和接受度。因此，你需要根据目标受众的特点来设计和选择图片。

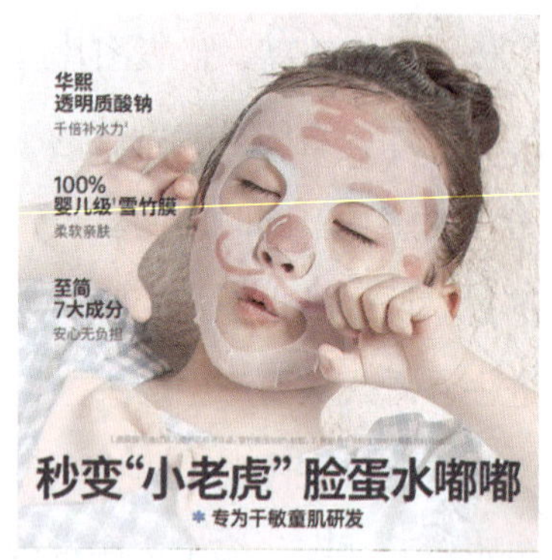

例如右图为儿童面膜主图，主图中的儿童使用该品牌面膜，让消费者直观地了解产品的适用对象和使用场景。再加上生动的文案“秒变‘小老虎’，脸蛋水嘟嘟”，一下子抓住了宝妈的心，想象着自己的宝贝使用面膜时的场景，极有代入感，从而获得较好的点击率以及转化率。

突出产品特色

图片应清晰、准确地展示产品的外观、颜色、尺寸等基本信息，同时要突出产品的独特性和卖点。这有助于吸引消费者的注意力，并激发他们的购买欲望。

例如右图为鞋垫主图，鞋垫突出柔软的卖点，垫了之后有“踩屎感”，并且可以久站防痛，生动地展现了鞋垫的舒适感。黄颜色鲜艳明快，吸引人点击。

优化视觉效果

色彩搭配要和谐，图片布局要合理，避免过于拥挤或空旷。同时，可以使用一些视觉元素，如对比、渐变、光影等，来增强图片的层次感和立体感。

例如下图为遮阳伞主图，构图巧妙地使用不同角度的雨伞展示，增加主图的层次感，文案突出防晒的卖点，绿色配色清爽干净，有大牌的既视感。

使用高质量图片

确保图片清晰度高，无模糊、失真等问题。高质量的图片不仅能提升产品的形象，还能给消费者留下良好的印象。

添加吸引人的文案

在图片中添加简洁明了、具有吸引力的文案，可以进一步提升图片的点击率。文案可以突出产品的优点、优惠信息或者引导消费者进行下一步操作。

例如右图为防晒帽主图，主图展现了该防晒帽360度全方位防晒的主要卖点，以及五个次要卖点，清楚直观地展示产品，也是一个优秀的主图设计方式。

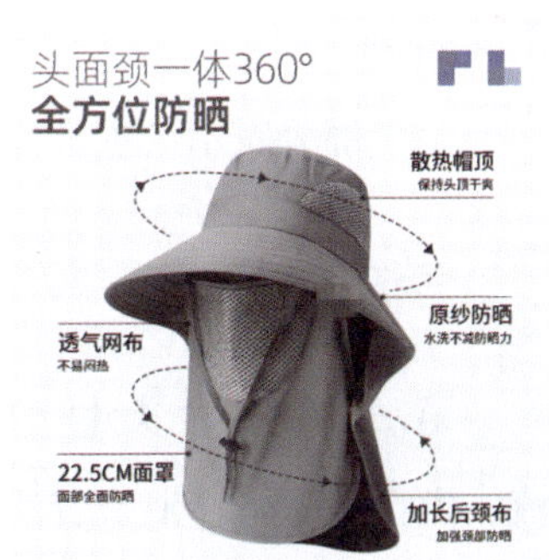

参考成功案例和市场趋势

了解其他成功店铺的图片设计风格和元素，以及当前市场的流行趋势，可以帮助你更好地把握消费者的喜好和需求。

总之，你需要不断地测试和优化你的图片设计。通过观察和分析点击率数据，你可以了解哪些图片设计元素是有效的，哪些需要改进。通过不断地调整和优化，你可以逐渐提升图片的点击率。

4.3 如何装修一个高颜值的店铺首页

店铺首页装修对品牌形象的树立至关重要，尤其现在消费者购物体验要求越来越高，店铺首页的整体风格决定了能吸引到的人群。那么到底该如何装修一个高颜值的店铺首页呢？以女装店铺为例，对于女装店铺的装修，要突出风格，首先要做好首页的装修布局。至少要有三个区域：形象区、商品区、导流区。

形象区

第一部分为首页banner，这部分一定要有，可以是海报、轮播图或者大片，用来凸显店铺的主题、风格等。

第二部分为优惠信息展示，把店铺近期的优惠活动展示给消费者，如限时折扣、店铺满减、优惠券等。

商品区

第一部分展示主推商品，根据热销情况选择3–5个商品进行瀑布流展示，最大程度促成购买。

第二部分展示次主推商品，可围绕主推产品进行搭配推荐、新品推荐等。

导流区

第一部分为类目分流，类目分流可让消费者清晰地选择自己需要的产品，如上衣、短裙、连衣裙、裤子、配饰、包包等。

第二部分为活动主题分流，商家提供不同的活动供买家选择，如春季上新、断码清仓等。

形象区
1. 重点产品海报轮播图
2. 优惠信息（如优惠券、店铺满减、满赠）

商品区
1. 主推商品展示（如店铺爆款、人气热卖）
2. 次主推产品展示（如新品推荐、搭配推荐）

导流区
1. 类目分流（如上衣、短裤、短裙、配饰等）
2. 活动主题分流（如春季上新、断码清仓等）

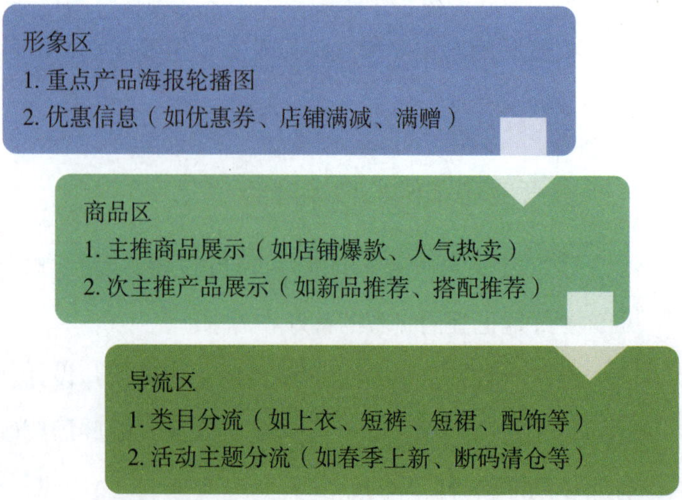

4.4　手机也能拍出爆款照片

在当下，专业摄影设备不再是拍摄精美商品图的必要条件。一部智能手机，配以巧妙的构图思维、精准的对焦技术，以及恰当的光影运用，就能轻松拍出令人眼前一亮的商品美图。通过深入了解手机摄影的各项功能，如微距拍摄、色彩调整、背景虚化等，我们能够精细展现商品的质感与细节，营造出吸引眼球的视觉效果。掌握这些手机摄影技巧，即使在没有专业设备的情况下，也能让商品图片焕发光彩，成为促进销售的强大助力。

场景选择

纯色背景：纯色背景能够突出产品的主体，使产品更加突出。常见的纯色背景有白色、黑色、灰色等。白色背景能够展现产品的细节和质感，黑色背景则能突显高端产品的质感和科技感。

白色背景

灰色背景

黑色背景

纹理背景：除了纯色背景外，还可以选择具有一定纹理的背景，如木质桌面、亚麻布等。这些背景能够增加照片的层次感和深度，但需要注意不要让背景过于复杂或抢眼，以免分散顾客的注意力。

实际使用场景：对于某些产品，如家居用品、办公用品等，可以考虑将其放置在实际使用场景中进行拍摄。这样能够让观众更直观地了解产品的用途和效果。

木质桌面作为背景

收纳箱放在家居环境中拍摄

光线选择

自然光：首选自然光，因为自然光能够真实还原产品的色彩和质感。建议在早晨或傍晚拍摄，此时的光线柔和且均匀，有利于减少阴影和反光。如果条件允许，可以将产品放置在窗户附近，利用侧光或斜射光来拍摄。

人造光：如果无法使用自然光，可以考虑使用人造光源，如台灯、摄影灯等。但需要注意控制光线的强度和方向，避免产生过强的阴影或反光。可以使用柔光箱、反光板等辅助工具来柔化光线，使产品看起来更加柔和自然。

辅助道具

在进行产品图片拍摄时，手机摄影搭配反光板、柔光箱及三脚架等辅助道具，能够显著提升画面的专业度与美感。反光板能够精准调整光线，消除产品表面的阴影，展现其真实色彩与质感；柔光箱能营造出柔和而均匀的光线氛围，让产品图像更加细腻柔和，吸引顾客目光；而三脚架的稳定支撑，则确保了拍摄过程中相机的静止不动，避免了模糊与抖动，让每一个细节都清晰可见。这些辅助道具的巧妙运用，让手机也能拍摄出媲美专业相机的产品美图，为商品展示增添无限魅力。

反光板

用于补光，减少阴影。当自然光或人造光不足时，可以使用反光板来反射光线，增加产品的亮度。根据实际需要选择不同类型的反光板。常见反光板有：

白色反光板：

白色反光板提供柔和的补光效果，能够减少阴影并增加亮度。

它适用于自然光或弱光条件下的拍摄，能够平衡光线并保留细节。

银色反光板：

银色反光板反射的光线强烈且明亮，能够增加主体的曝光量并提升画面反差。

它常用于拍摄人像时增加眼神光，或在阴天条件下为拍摄对象补光。

金色反光板：

金色反光板提供温暖的反光效果，能够增加色温并改善肤色。

它适用于阴天或冷色调环境下的拍摄，能够给画面带来温暖的氛围。

黑色反光板：

严格来说，黑色反光板并不是真正的反光板，而是“减光板”或“吸光板”。

它能够吸收光线并减少光量，适用于强光或需要降低亮度的拍摄场景。

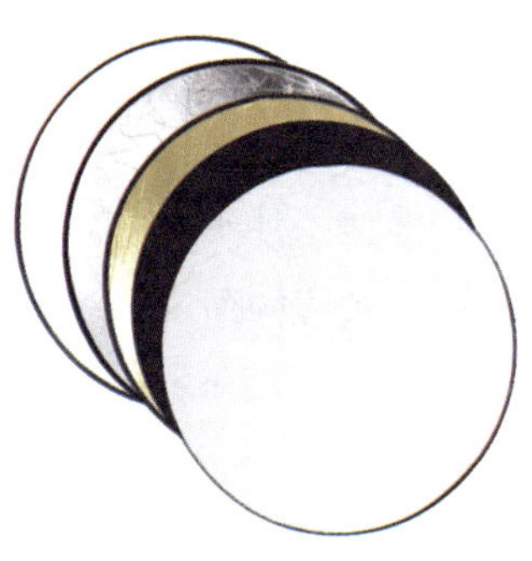

各种常见反光板

柔光板（也称为柔光反光板）：

柔光板是一种半透明的反光板，能够将光线均匀地散射并模拟自然光的效果。

它适用于人像或静物拍摄中需要柔和光线的场景。

柔光箱

用于柔化光线，使光线更加均匀柔和。适用于拍摄需要强调产品细节和质感的场景。小件物品选择如右图的简易柔光箱即可。使用柔光箱可使手机拍摄出来的图片更加清晰明亮。

柔光箱

三脚架

保持手机稳定，避免拍摄时的抖动。对于需要长时间曝光或精细对焦的场景，三脚架是必不可少的辅助工具。

手机摄影如何构图

在产品图拍摄中，构图艺术堪称核心。巧妙运用三分法、居中构图、框架构图等经典手法，能让手机镜头下的产品跃然于画面，瞬间拥有大片风范。好的构图，是连接产品与观众情感的桥梁，让每一次拍摄都成为一场视觉盛宴。

三分构图法

又称井字构图法或黄金分割法。将手机相机的网格功能打开，将画面分为九个等分区域，将商品放置在网格线的交点或线条上。这种构图方式能够使画面更加平衡和谐，突出商品主体。

居中构图

将商品放置在画面中心，确保商品清晰可见，避免画面过于杂乱。这种构图方式适合拍摄形状规则、对称的商品。

对角线构图

将商品放置在画面的对角线位置，或者让商品的延伸方向与对角线重合。这种构图方式能够增加画面的动态感和视觉冲击力。

居中构图

对角线构图

框架构图

利用周围的物体（如门框、窗框等）作为框架，将商品置于框架内部。这种构图方式能够增加画面的层次感和深度感。

框架构图

对比构图

通过色彩、大小、形状等对比手法来突出商品主体。例如，将商品放置在与其色彩对比鲜明的背景上，或者使用不同大小的商品进行对比展示。

对比构图

留白构图

在画面中留下适当的空白区域，使画面更加简洁明了。留白不仅可以突出商品主体，还可以给顾客留下想象的空间。

留白构图

4.5 Photoshop基础入门

Photoshop（简称PS）是Adobe公司推出的一款功能强大的图像处理软件，广泛应用于各个领域，包括电商作图。在拼多多商家作图中，Photoshop起到了至关重要的作用。

商家可以利用Photoshop对商品图片进行精细的修饰，如调整光线、色彩平衡、去除背景等，使图片更加美观、专业，从而吸引消费者的注意力，提高商品的点击率和转化率。此外，Photoshop还支持设计广告海报、店铺首页等视觉元素，帮助商家塑造品牌形象，提升用户体验。下面将简单介绍几种Photoshop常用工具。

如何用Photoshop制作醒目的主图

首先打开Photoshop，新建一个800px*800px的空白画布，分辨率为72，背景为白色。

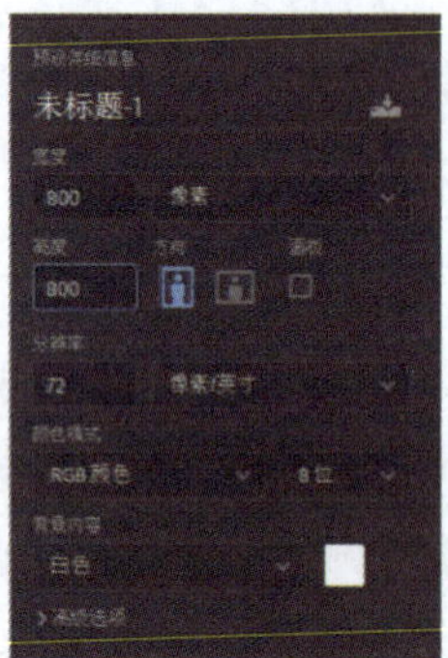

找一张红色图片作为背景，如下图所示。

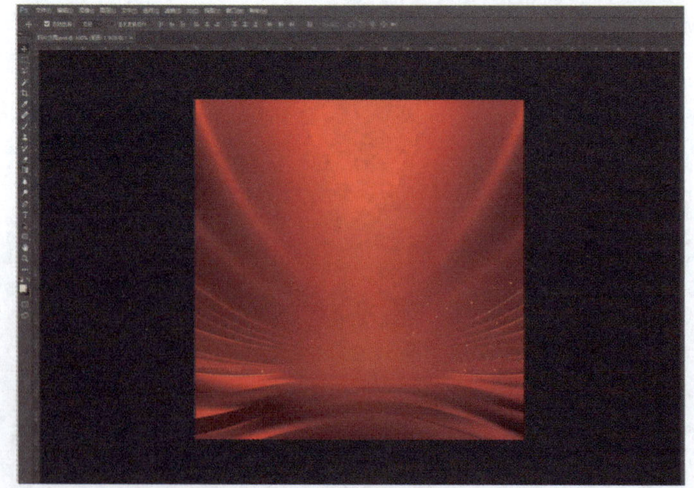

左侧工具栏选择“矩形工具”，在图片中间位置画出合适大小的矩形。

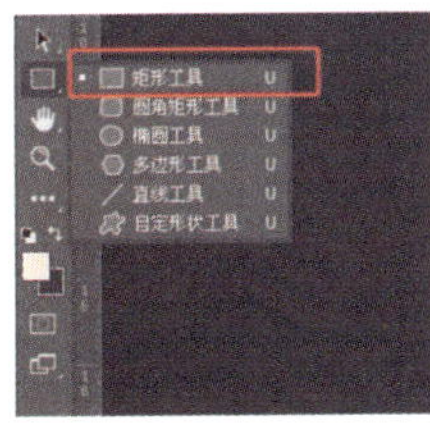

左侧工具栏选择“横排文字工具”，选择合适的字体，输入品牌名称。

插入产品图片，并复制两个一样的图层，Ctrl+T自由变换，将另外两个图层等比例缩小，并放在第一个产品图层后面。

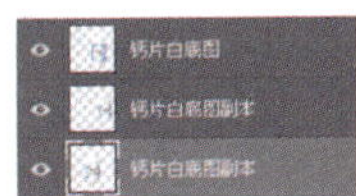

效果如图。

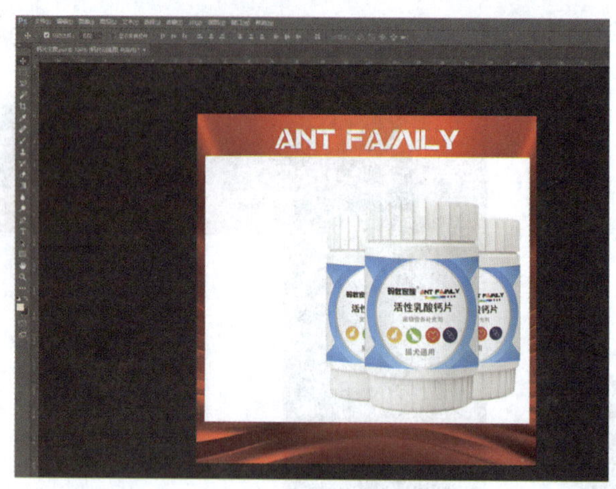

工具栏右键矩形工具，选择“圆角矩形工具”，画出合适大小的圆角矩形。

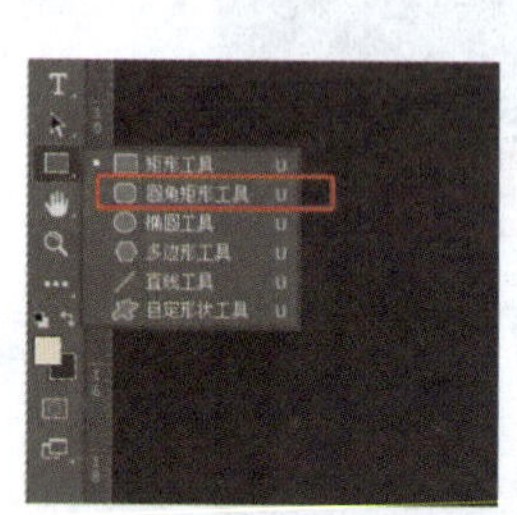

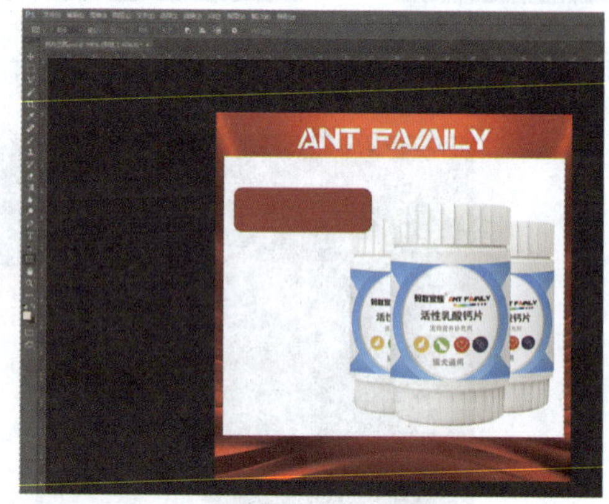

选择横排文字工具，选择你喜欢的字体，文字颜色为白色，输入产品卖点。

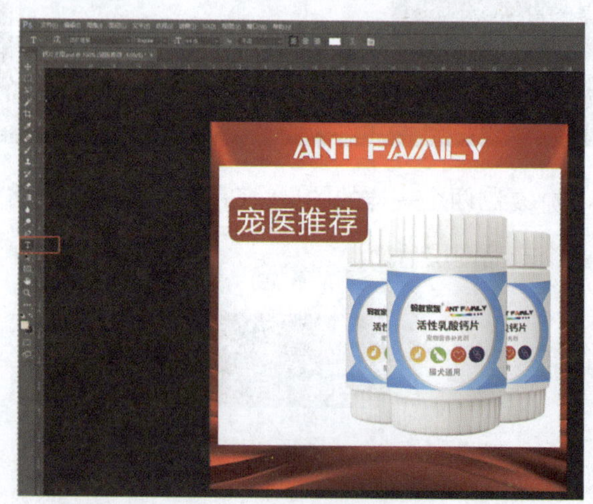

继续选择横排文字工具，输入产品其他卖点，根据需要选择字体颜色和大小。

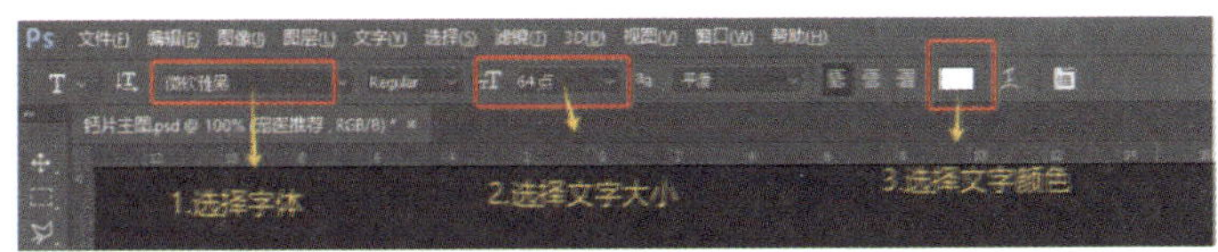

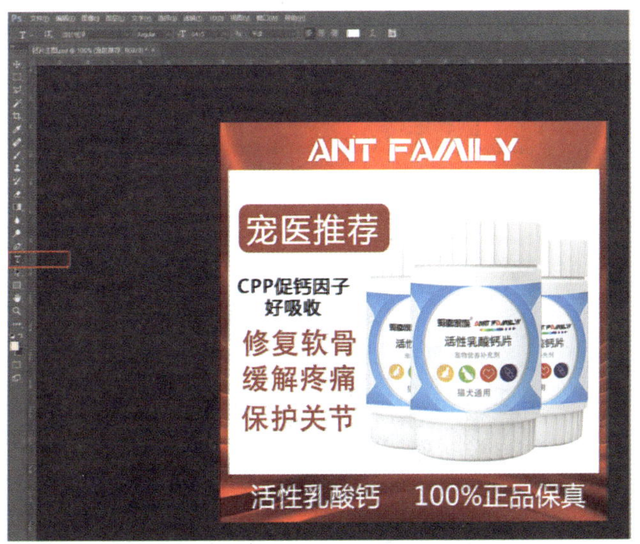

点击“保存”，最终效果如下图，一个简单大气、卖点突出的主图就制作好啦！

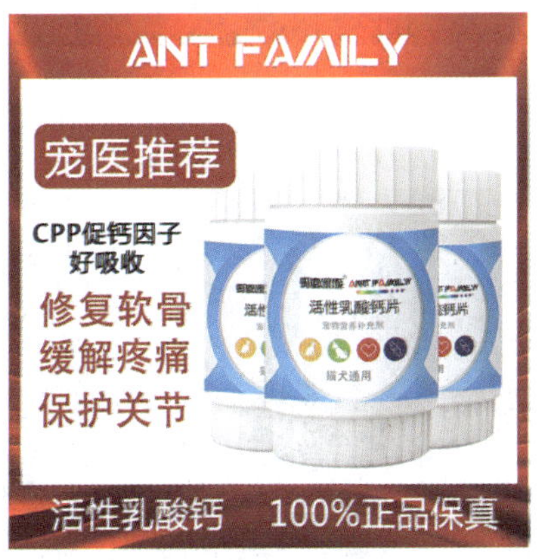

如何用Photoshop制作爆款详情页

打开Photoshop软件，新建空白画布，大小为790px*1800px。

选择一张红色背景，拖入画布中。

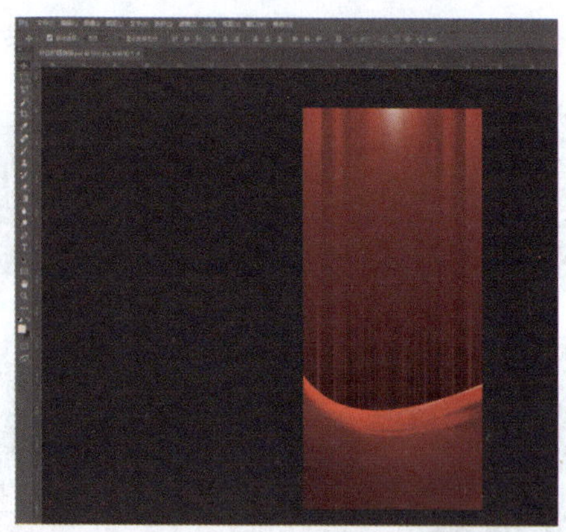

拖入产品图片，放在合适位置。

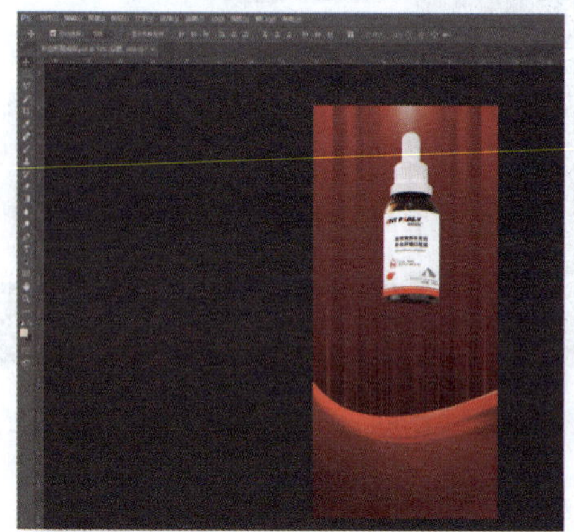

选择一张奖杯图片，放在产品图层下面。Ctrl+T自由变换调整奖杯大小和角度。

拖入讲台素材以及光环素材，调整至合适大小和位置。

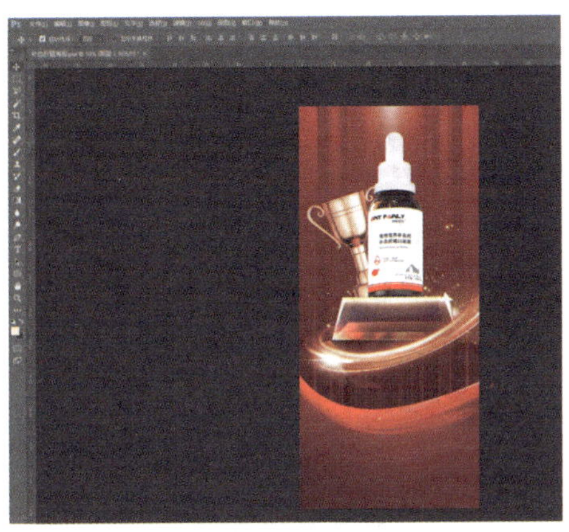

左侧工具栏选择横排文字工具，选择合适的字体，字号为87点，颜色为#ffce85。

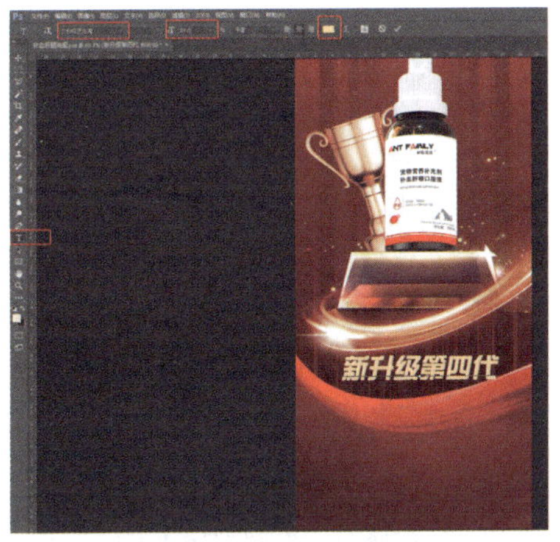

双击图层，调整图层样式。选择投影，设置合适的参数，设置好后点击“确定”。

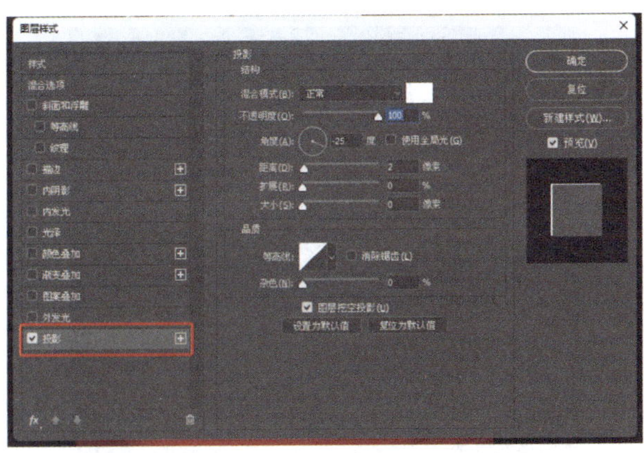

插入图标，展示产品卖点。

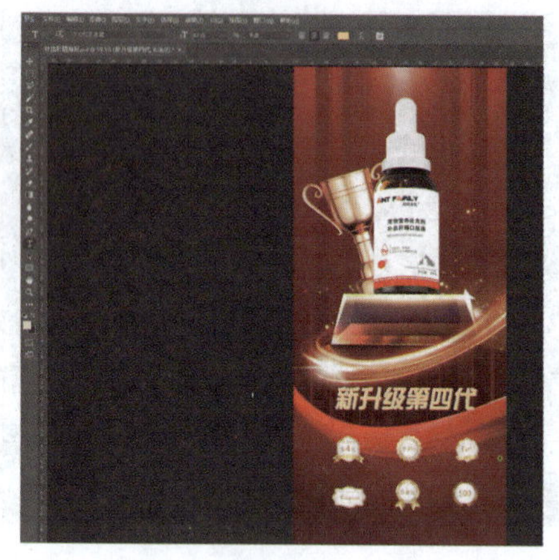

使用横排文字工具，添加产品卖点信息，并为所有卖点添加边框。

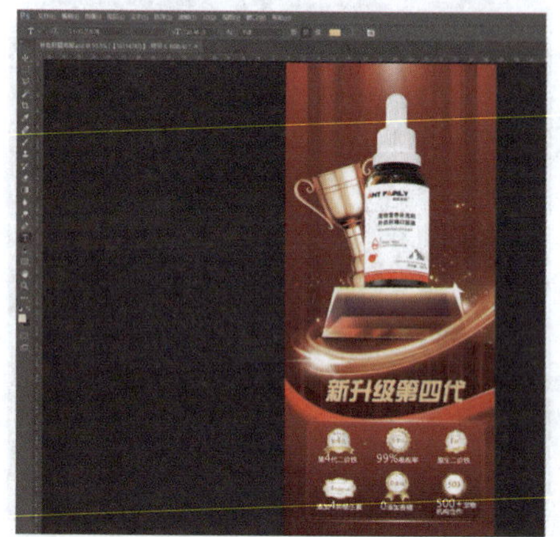

选择气泡素材，Ctrl+T自由变换调整气泡大小和位置。

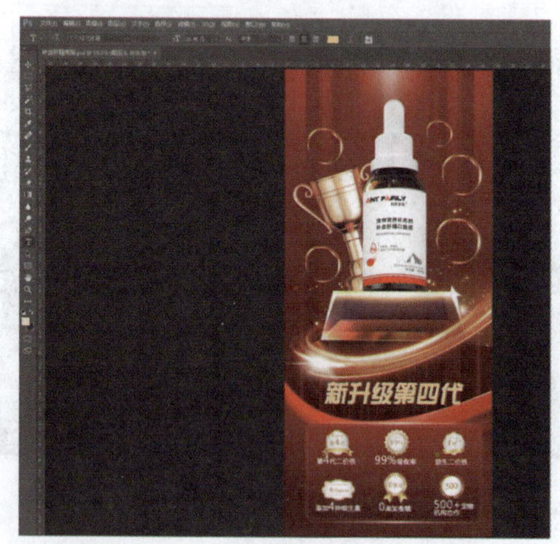

使用文字工具，选择不同的字体，填写产品成分、品牌等信息。细节微调，一张爆款详情页图就制作好了。

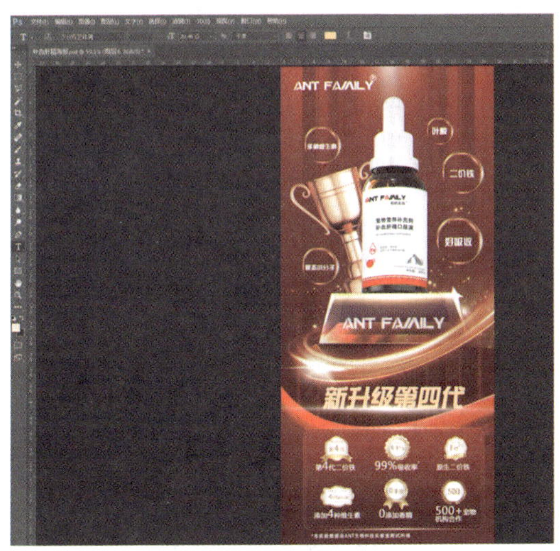

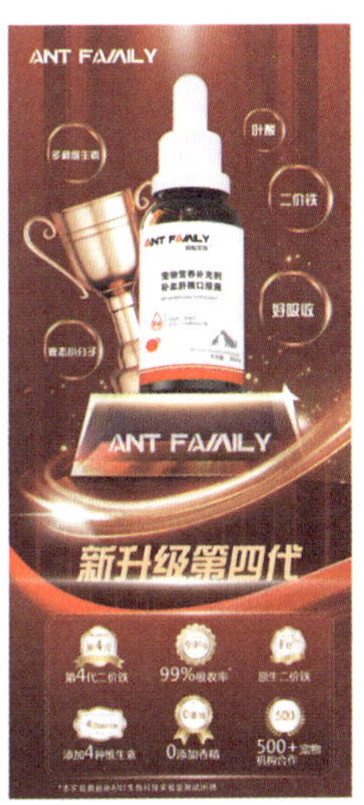

如何用Photoshop制作水印

为了防止详情页被盗用，商家可在详情页加上水印。下面将详细讲解如何用Photoshop制作水印。

Photoshop打开需要添加水印的海报。

选择左侧工具栏的“横排文字工具”，在图片上输入文字，例如：蚂蚁家族官方旗舰店。

根据需要调整字体、大小及颜色，Ctrl+T自由变换调整文字方向。

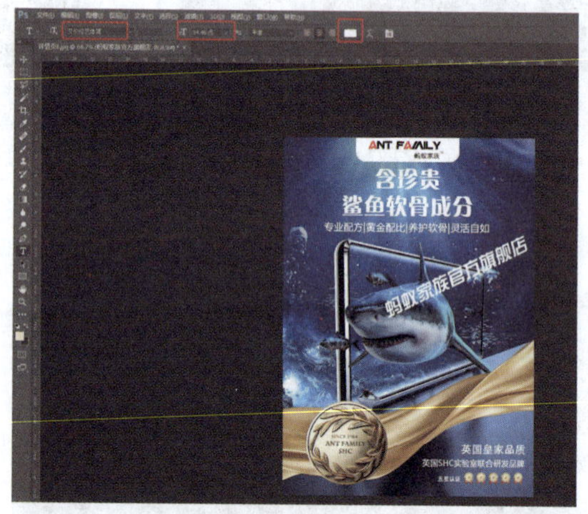

进入图层面板，调整文字图层的不透明度为32%，水印就制作好了。

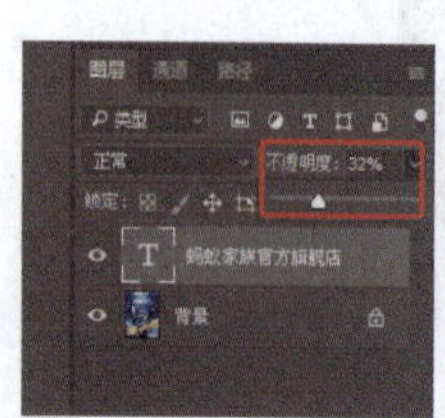

4.6　无需设计师，零操作门槛，永久免费的一键装修功能

我的店铺没有设计师，也不想花费很多的精力在店铺装修上，有没有什么省时省力，还不需要花钱的装修方式呢？拼多多官方提供了“一键装修功能”，让新手卖家开店更轻松。

网页版商家后台操作教程

第一步：通过商家后台—店铺管理—店铺装修，进入装修页面。

第二步：点击“一键装修”下方的“立即使用”。

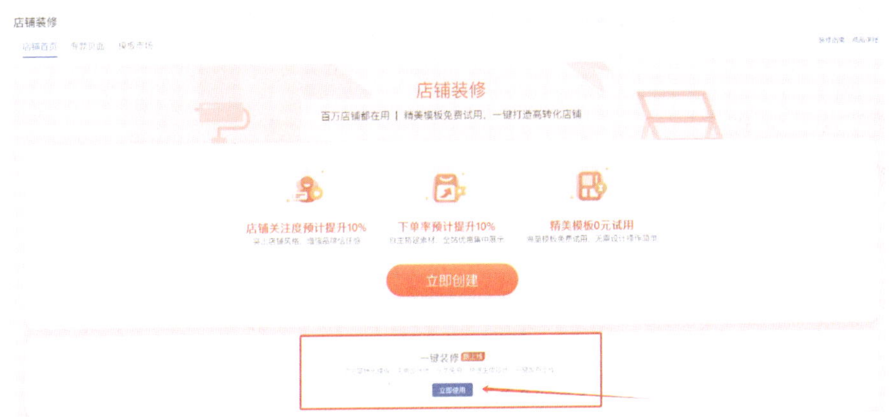

第三步：选择喜欢的样式后，直接点击“采用此装修”即可。

移动端商家后台操作教程

第一步： 进入商家后台首页，点击“全部应用”。

第二步： 点击“店铺装修”。

第三步： 选择喜欢的样式。

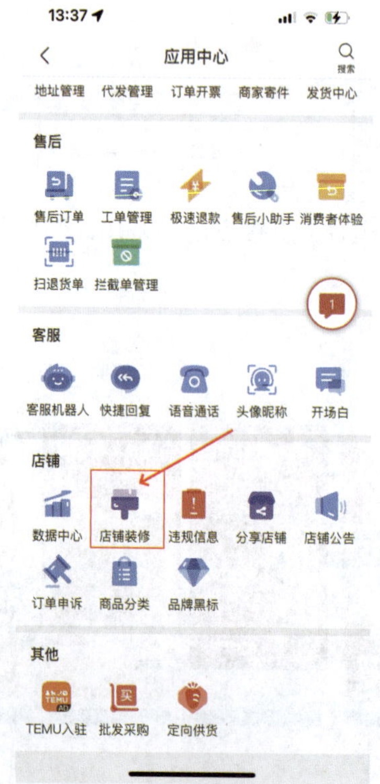

第四步：点击“提交此装修”。

拼多多店铺装修不仅是店铺留给顾客的第一印象，更是吸引顾客、提升购物体验的关键。精美的装修能凸显品牌特色，增强顾客对店铺的信任与好感，促进浏览转化为购买。同时，合理的布局和导航设计能优化顾客购物路径，提升满意度。在竞争激烈的电商环境中，独特的店铺装修能让商家脱颖而出。

第 5 章

短视频

5.1　什么是引流短视频

直播间的流量来源分为公域流量和私域流量，其中公域流量有一个流量入口：商家或者达人发布的短视频会出现在多多直播页面中，而正在直播的商家或者达人的短视频被推荐时，头像会有红圈，并悬浮小窗提示正在直播中（如下图所示），这样的短视频被称为直播间的引流短视频。

引流短视频和直播预约短视频的内容区别

发布时间差异

为了保证直播间的预约量，预约短视频必须在直播前1—3天发布；而引流短视频在直播期间或直播前半小时发布即可。

视频内容差异

预约短视频引导粉丝准时观看直播间，提升直播间自然流量；而引流短视频内容更加复杂，通过产品卖点介绍吸引用户当下进入直播间。

5.2　如何创作优质的引流短视频

账号定位

直播间私域流量的其中一个入口是商家或者达人的个人主页。正在直播时，达人会在短视频置顶直播间入口，商家会有悬浮窗展示，如下图所示：

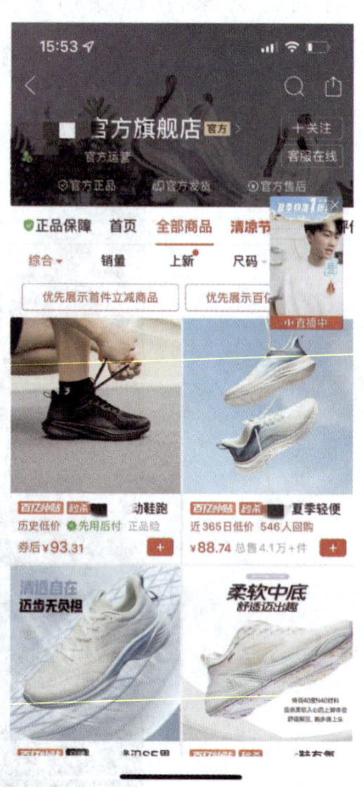

其个人主页发布的其他短视频封面将会影响用户点击直播间的概率。因此个人主页短视频所呈现的账号定位对于直播间引流非常关键。账号定位需要注意两点：一是确定人设，二是风格统一。

确定人设：商家和达人可根据自身的形象、身份、气质、专业领域、能力展现来明确自己的人设。比如“莫娜气质女装”定位是一个“面向35+中老年女性、卖高质量气质型女装”的主播；“大帅古”定位是一个“卖高性价比男装的源头工厂老板”等。

风格统一：商家和达人确定好自己的人设后，短视频封面需要体现该人设，并且风格统一。下图是一个主页封面的优质案例，有人设，场景统一，封面整齐。

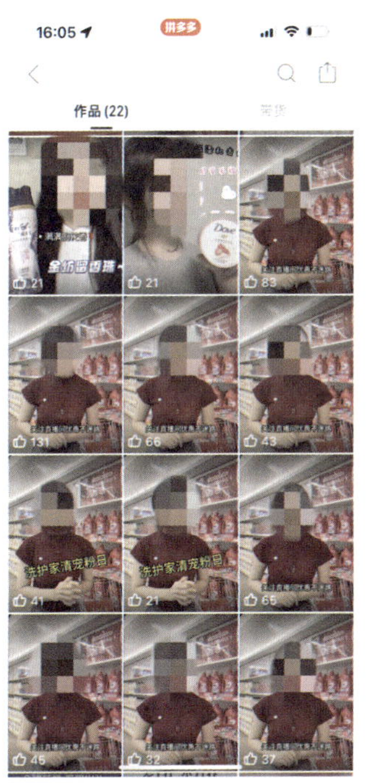

引流短视频的制作详解

阶段	核心关键词	脚本撰写技巧+案例（文案话术仅供参考，具体直播描述需要根据自身货盘/活动情况如实描述）		拍摄画面展示要素	素材来源
引流短视频前期	抓住用户注意力	制造悬念，引发好奇	哇，你身上这个裙子真好看，在哪里买的呀？听说今天有个大福利，什么时候开始啊？	快速捕捉用户眼球：视频开头务必展示核心产品，抓住用户注意力，3秒左右	1. 直播切片内容； 2. 产品拍摄+口播； 3. 微剧情演绎式
		身份对标，对号入座	微胖女生的神器！一秒遮肚子！ 家里有宠物的宝宝们注意了！		
		抛出优惠信息	9.9元三件你能相信吗？新号送福利！ 今天新号开播，19.9元一双老北京布鞋，限量100双！		

（续表）

阶段	核心关键词	脚本撰写技巧+案例（文案话术仅供参考，具体直播描述需要根据自身货盘/活动情况如实描述）		拍摄画面展示要素	素材来源
引流短视频前期	抓住用户注意力	新品、专场预告	我们马上开播了，很多宝宝都跟我们要这款羊毛衫！ 运动服专场来啦！本月最后一个专场！		
引流短视频中期	取得用户信任	极致卖点描述	穿起来超级显瘦！ 这款冰丝袖穿起来冰冰凉凉，夏天也不怕晒啦！	以产品效果展示为展现核心，让用户看到产品的直观效果更易起量，15秒左右。比如： 服装类的让用户看到穿戴上身效果； 家居百货类的向用户展示产品功能； 珠宝类的让用户看到产品佩戴效果等	
		戳中用户痛点	你们家是不是还在到处发霉？赶快试试这款除霉剂，只需喷一喷，再也没烦恼！		
		权威背书，制造信任感	我们家这款头层牛皮是有质检报告的。 这个厂家是我遇到过高品质的天花板，质量非常有保证！		
		制造热销感	全网都在卖的床上四件套！ 我直播间买过的小姐姐都说好！		
		超强的价格优惠力度	这个榨汁机以前都卖99的，今天69元！ 我们是工厂直销的！没有中间商赚差价！		
引流短视频后期	引导用户点击	引导用户点击	数量有限，只卖前50名付款的，不买你就亏了！ 直播间还有更多优惠等你来领！	文字贴纸引导用户点击直播间观看	

引流短视频发布技巧

前期：

发布时间与频率的优化策略：选定四个关键时段进行内容发布，分别是清晨的7点至9点，午间11点至下午2点，下午4点至傍晚7点，以及夜晚的9点至午夜12点。

通过连续三天在这四个时段内发布相同脚本类型的视频，我们旨在评估并分析不同时间段对视频流量的影响。随后，将收集到的数据进行对比分析，以识别出能够带来相对较高流量的最佳发布时段，从而进一步优化内容的发布策略，提升内容的曝光度和互动效果。

后期：

发布频率：直播前2小时左右发引流视频（可选直播切片），直至直播期间也可以发布。

发布时间：以近期测试结果判断确定发布的时间段。

每日发布数量：1～3条。

5.3　详情页短视频可以怎么玩

人类大脑在处理信息时，展现出对视频内容的强烈偏好，这一偏好远超图片与文字。一个精心策划的详情视频，其影响力深远，足以承担起商品详情页中宝贝描述近半的促销重任。鉴于当前视频主导的市场趋势，以及消费者普遍缺乏耐心深入阅读图文信息的现状，一个时长适宜（如3分钟）且内容丰富的商详视频变得尤为重要。它不仅能够有效吸引并留住买家的注意力，还能通过直观展示产品特性与优势，显著提升购买意愿和转化率，成为商家不可或缺的营销利器。

商品属性细节展示

商品属性是平台精心提炼，旨在聚焦买家核心关注点的重要元素。商家常借鉴同分类商品的属性设置，并通过视频展示手段，使买家能够直观且详尽地洞悉商品各项细节，这一做法常见于商家的轮播视频策略中。

然而，当商品细节繁多，尤其如箱包类商品，需涵盖材质、风格、时尚元素、闭合设计、尺寸规格、功能特性及适用人群等多重信息时，单一的轮播视频可能难以尽述。此时，商家便转向采用长达3分钟的详情视频，以全面而深入地展现商品全貌，确保买家能够充分获取所需信息。如下图，该产品视频展示了包包的质感、功能分区等。

商品特色卖点展示

利用客服的直接反馈、自家商品评价分析、竞品差评的深入剖析以及广泛的数据信息搜集途径，我们能够精准地识别并挖掘出消费者的核心痛点。随后，通过细致的优化、精炼与归纳，将这些痛点转化为我们商品的独特卖点与鲜明特色。

至于如何展现这些特色卖点，以售卖桃子的商家为例，他们可以在主图及轮播图中突出展示桃子的高水分、大个头等直观优势，吸引顾客的第一眼注意。在商品详情页的视频中，商家可以全方位展现果园的自然风光、精心的采摘过程以及科学的包装流程，这些都能有效传达出产品健康天然、专业可靠的品质信息。

如果竞争对手尚未采取类似的展示方式，那么这些举措便成了你的独门秘籍，构成了你的特色卖点。这样的差异化策略不仅能显著提升消费者对产品的好感度，还能增强他们对品牌的信任与忠诚度，从而在激烈的市场竞争中脱颖而出。

操作演示及使用教程

针对家居生活类目中的简易衣柜或是部分需买家自行安装的电子产品，商家通常会随附说明书或在产品详情页面以图文形式提供安装指南。然而，由于图文信息的抽象性和局限性，部分买家可能仍感困惑，难以独立完成安装，这不仅促使买家频繁求助于客服，增加了商家的运营负担，还可能因操作不当引发售后困扰。

为解决这一问题，引入3分钟视频教程成了一种高效且直观的解决方案。视频内容能够详细而生动地展示每一步安装流程，从准备工具到最终完成，每一步都清晰可见，确保买家能够一步到位，轻松掌握安装技巧。这种方式不仅极大地减轻了商家的客服压力，还有效避免了因安装不当导致的售后问题，实现了真正意义上的“一劳永逸”，提升了买家的购物体验和满意度。

商品多功能具象展示

在当今商品不断迭代升级的趋势下，多功能产品，尤其是在家居生活与厨房家电领域，日益丰富多样。为了更生动、直观地展示这些产品的多元用途，视频成了比传统文字描述更具说服力与亲和力的媒介。通过精心制作的视频，消费者能够轻松获取产品的各种应用场景，这种直观且贴近生活的呈现方式，不仅加深了他们对商品特性的理解，还极大地延长了他们在观看过程中的停留时间。

这种简单明了、直击消费者需求的视频展示策略，有效激发了潜在客户的购买欲望，促使他们快速从“种草”状态转化为实际购买行为。视频内容的丰富性和互动性，让商品推广更加高效，为商家带来了更多的转化机会。

能带入买家体验的场景

众多顾客在购物时往往初衷模糊，仅持观望态度浏览商品，然而，一旦他们开始观看商品详情视频，这标志着他们对该产品的兴趣已显著增强。面对这样的潜在顾客群体，关键在于如何深入挖掘其未被察觉的需求，进而促使他们从随意浏览转变为实际购买。实现这一转变的策略之一，便是通过构建生动具体的场景体验，来激发顾客的潜在消费欲望。

以销售按摩器为例，商家可以精心策划一系列贴近消费者生活的场景故事。比如，针对职场白领群体，可以设计一个关于长时间伏案工作导致腰酸背痛，急需缓解疲惫的场景；又或是聚焦于年迈父母，展现他们因行动不便而独自在家时，腰部与腿部的不适与孤独感。通过这些富有代入感的场景描绘，让顾客能够情感共鸣，感受到产品所能带来的切实改善与慰藉，从而有效促进购买意愿的转化。

店铺或品牌宣传视频

某些品牌商家能够巧妙地利用商品详情页视频，展示他们的广告大片、媒体曝光视频或精心制作的宣传短片。这些视觉素材不仅全方位地展现了品牌的独特魅力与雄厚实力，还显著增强了买家对品牌及其所属店铺的信任感。通过这样直观而生动的展示方式，买家能够更加深入地了解产品特性，同时对品牌的售后服务保障体系也充满信心，从而进一步激发购买欲望，促进交易达成。

总之，长达3分钟的详情视频，在短视频爆发的年代，是商家可以自由发挥的好机会，新手可以从以上几点着手，如果能做好详情页短视频，对于提升购买转化大有好处。

第6章

直播

拼多多直播对商家而言，是强有力的营销利器。它通过实时互动展示商品，有效提升店铺曝光与权重，吸引潜在买家关注，增强购买意愿与信任度，从而显著提高转化率与销售额。直播还能促进粉丝快速增长，加深客户黏性，为商家构建稳定的用户基础。同时，直播过程中的市场反馈能够助力商家精准选品，打造爆款，塑造品牌形象，在激烈的市场竞争中脱颖而出。

6.1　商家直播流量入口

公域流量入口

拼多多平台积极加大对直播业务的支持力度，通过开辟专门的流量通道为直播业务赋能，其中主要的公域流量入口包括：

拼多多首页—直播—推荐

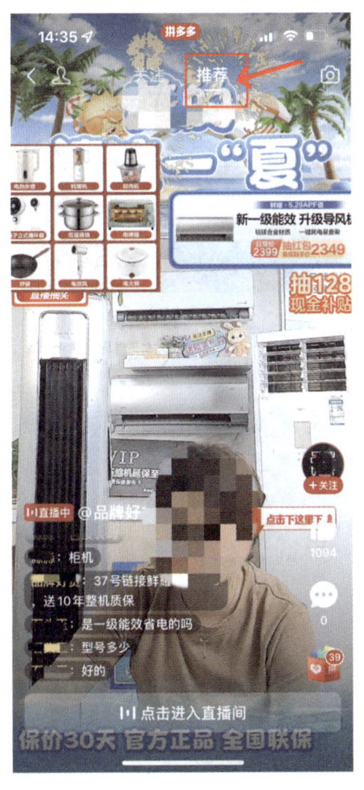

多多视频—头像红圈—悬浮小窗提示直播中

直播间卖货小时榜

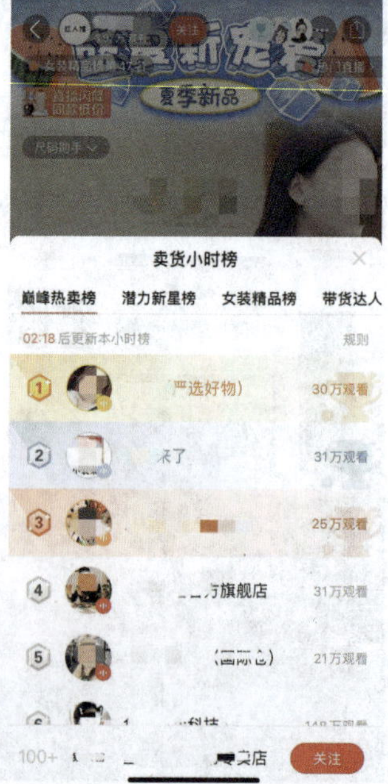

热门直播推荐—关注推荐

私域引流流量入口

拼多多直播私域引流流量入口主要有：

商品详情页—悬浮窗

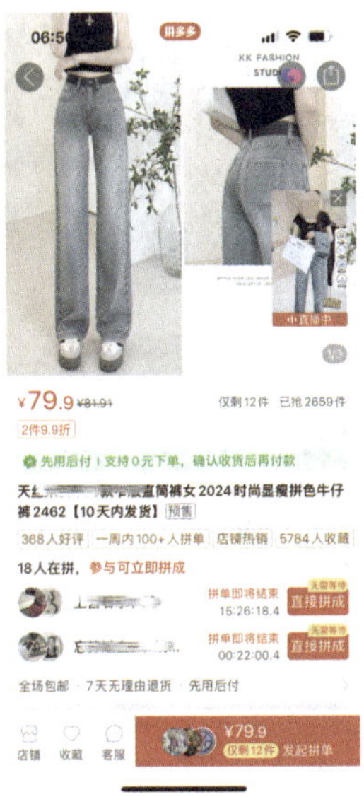

店铺首页—悬浮窗

直播关注页

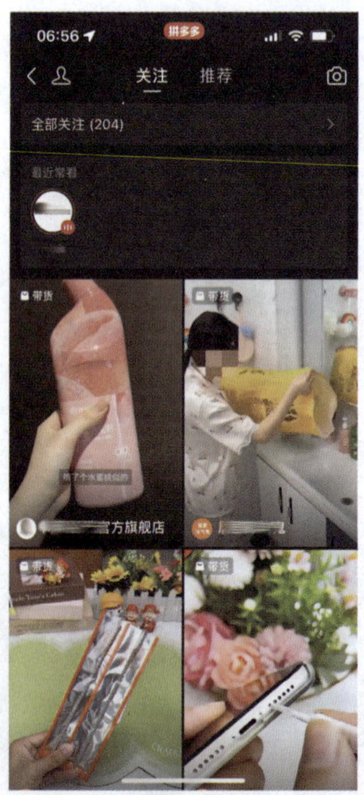

6.2　商家开播入口

拼多多直播的开播通道有三个：手机端开播、官方软件开播、OBS开播。

手机端开播

下载“拼多多商家版”APP。商家后台首页—全部应用—多多直播，点击“开始直播”即可开播。

官方软件开播

下载“多多电脑直播伴侣”，上传直播封面图（不低于800*1200像素），输入直播标题，添加本次直播的商品，点击“创建直播”即可开播。

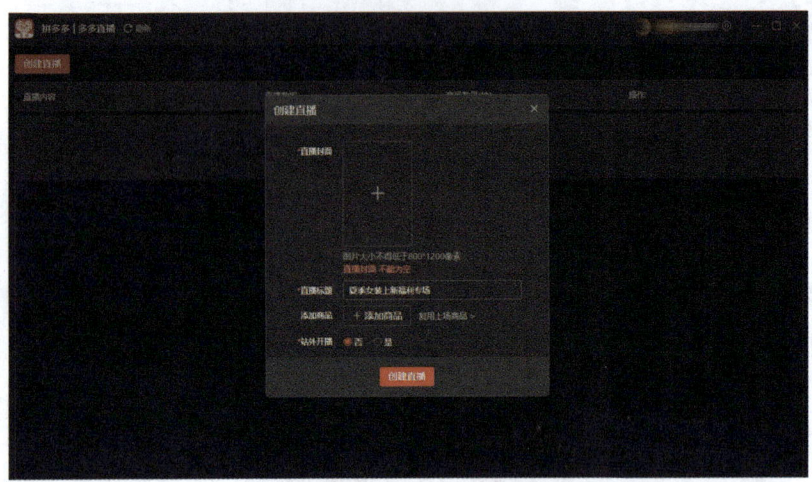

OBS开播

商家后台首页—店铺营销—多多直播，进入多多直播后台，点击“OBS直播工具下载”。

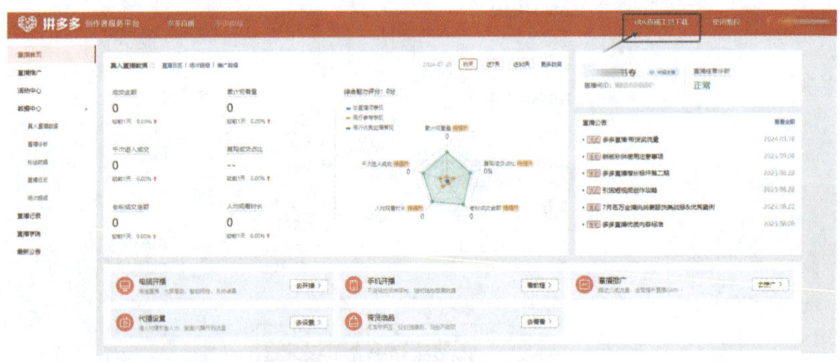

三端开播区别

拼多多三个端口开播有一定区别，商家可根据自身情况选择不同的端口进行开播。

开播端口	开播门槛	拉流直播	机位	美颜效果	清晰度	直播中插播视频/图片	移动直播	抠像直播	多端登录操作后台
手机端开播	无门槛	×	单机位	普通	良好	×	优秀	×	可同时登录APP端+多多直播电脑伴侣
官方软件开播	无门槛	√	单机位	普通	优秀（达到1080P高清画质）	优秀	×	优秀	可同时登录APP端+多多直播电脑伴侣
OBS开播	需申请特殊权限	√	多机位	优秀（可使用美颜插件工具提高美颜效果）	优秀（达到1080P高清画质）	优秀	大型多场景互动直播（对网络、机位、现场技术人员要求高，成本高）	优秀	可同时登录网页端+APP端

6.3 如何为直播间引流

掌握拼多多直播的流量分发逻辑，是直播成功的关键一环，它直接关乎流量吸引与订单转化的成效。那么，这一机制究竟如何运作于不同阶段呢？接下来，我们将深入剖析拼多多直播在不同阶段的流量分配逻辑，助力商家精准定位，高效引流，实现业绩飞跃。

获取公域流量的核心因子：内容消费能力+商品消费能力

内容消费能力指的是直播间人均停留时长，如果你的直播间停留时间比同行更长，算法会判断你的直播间为优质内容场景，从而给你推荐更多公域流量。

商品消费能力指的是直播间密集成单的能力。集中出单和成交额（GMV）是撬动公域流量的两大法宝。

拼多多流量分发逻辑

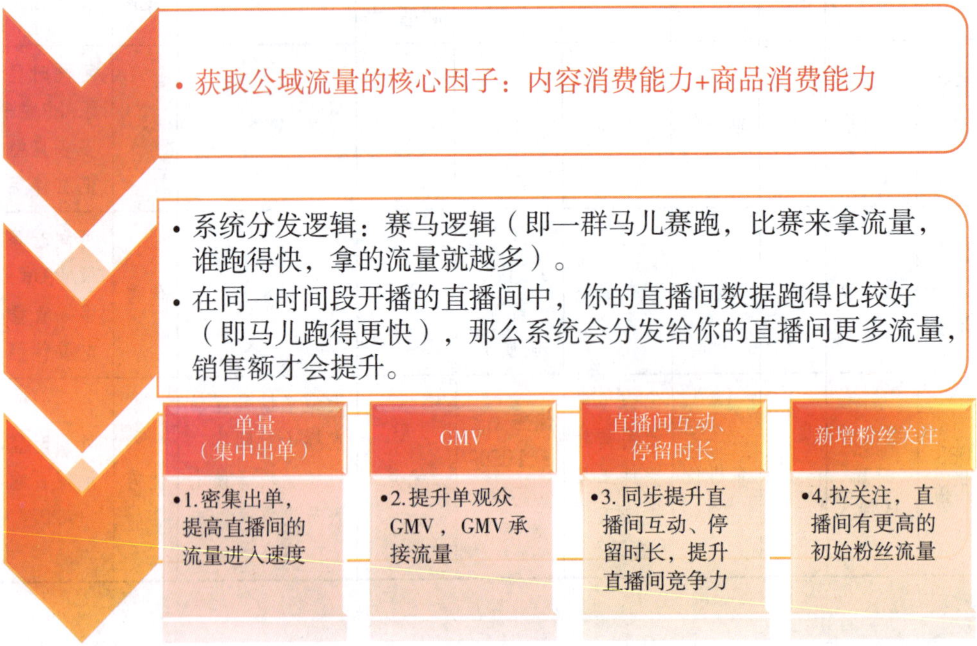

- 获取公域流量的核心因子：内容消费能力+商品消费能力

- 系统分发逻辑：赛马逻辑（即一群马儿赛跑，比赛来拿流量，谁跑得快，拿的流量就越多）。
- 在同一时间段开播的直播间中，你的直播间数据跑得比较好（即马儿跑得更快），那么系统会分发给你的直播间更多流量，销售额才会提升。

单量（集中出单）	GMV	直播间互动、停留时长	新增粉丝关注
•1.密集出单，提高直播间的流量进入速度	•2.提升单观众GMV，GMV承接流量	•3.同步提升直播间互动、停留时长，提升直播间竞争力	•4.拉关注，直播间有更高的初始粉丝流量

建议开播时间

第一波高峰：早高峰6—10点，中午小波峰11点30—14点（新号建议错峰开播）

第二波高峰：晚高峰18—24点

建议每天播4小时以上，获取推荐流量。

如何实现直播间高清推流

拼多多为了让消费者有更好的直播体验，对画质高、内容优秀的直播间有一定的直播推流机制。因此，提高画质是获取直播间流量的首要条件。

硬件门槛

电脑配置最低标准：主机CPU i5以上，内存6G以上，CPU主频2.5GHz。

手机配置最低标准：支持H265视频推流。

画面采集门槛

采集设备最低标准：高清摄像头（如罗技C100e、奥顿A7、云犀智瞳），微单设备（如索尼ILCE-7RM3）。

直播间热度

历史开播观看数据达到平台的算法标准。

如何查看不同主播等级对应的推流清晰度门槛

首先登录商家版APP首页，进入多多直播，点击主播等级。

查看主播的升级解锁更多权益，了解自己的等级。

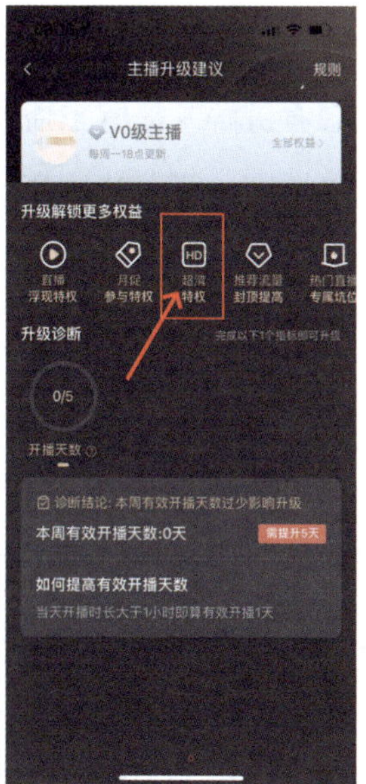

点击直播清晰推流，查看每个主播等级对应的推流清晰度门槛。V0-V1级：540P标清；V2-V4级：720P高清；V5级：720P超清；V6级：1080P蓝光（仅限电脑端）。

如何获取更多推荐流量

直播间的商品优先选择在活动资源位中或正在做推广的商品。

商家可添加至多100件商品在“小红盒”中，观众可点击“小红盒”查看商品清单，看到有兴趣的商品可点击“想看讲解”提醒主播。而当主播正在讲解该商品时，该商品的详情页将会出现直播的悬浮窗，所以若该商品在本身的曝光量就很大的情况下，则会有更多人看到直播间并点击进入。能报上活动资源位或被选择做推广的商品本身就具备一定的爆款潜力，在直播间也将是受欢迎且能够引起热度的商品。

保持稳定的直播频次

从上文可看出，平台对于正在直播的直播间会给很多流量曝光入口，尤其目前平台的直播还处在萌芽状态，直播卖货对于平台的用户还是很新颖的，所以商家们一定要抓住前期露出的机会，快速吸引固定的直播粉丝，成为多多直播的第一批带货王。

建议商家们前期可以保持每天直播，既可以让自己的店铺获得平台的大量流量，又可以不断地磨炼直播的技巧，将主播人设深入粉丝的心。

提高店铺关注量

若店铺正在直播，系统会自动对已关注店铺的用户推送直播消息，所以提升店铺的关注量，也是提升直播间流量的有利举措。那么该如何让更多的消费者关注店铺呢？有几个技巧，大家可以试试：

（1）清晰定位店铺/商品的风格，只有定位清晰，才能吸引到特定人群。

（2）店铺时常有新品上新，是吸引买家关注店铺和商品的一个很有效的途径。

（3）设置关注即可获得优惠券或优先发货等特权，吸引买家关注。

（4）有吸引力的直播封面和标题。

（5）积极分享直播链接到微信群、QQ群或微博等社交账号中。

在开播后，商家可分享直播链接至朋友圈、微信群、QQ群、微博、抖音等所有自己个人关系网所覆盖的社交渠道。将各个渠道的流量打通，互相引流，增加直播间的粉丝。

（6）利用短信营销工具。

短信营销是一个非常高效，并能以低成本迅速触达大量级群体的工具。

①提前预告

商家在直播开始的前一两天可以用短信提前预告直播的时间以及亮点，重点突出直播的时间，并在短信中插入店铺主页的链接，吸引关注，加深用户的印象。

建议通过短信推送给用户：活动预热场景。

短信模板：例如“热销款时尚少女风服饰，明晚8点直播试穿，还有惊喜好礼，不容错过”。

②开播后提醒用户观看

在直播开始后，再推送一波短信提醒用户直播已开始，速去观看，并且短信内容要重点突出直播的亮点和利益点，插入直播间链接，便于用户直接点击进入直播间。

建议短信推送人群：店铺老客、历史关注浏览用户。

短信模板：例如“你最爱的可爱少女风新款女装，主播正在直播间亲自试穿，还有大额无门槛券限量送，速来围观（直播间链接）”。

（7）客服引导。

当有消费者在直播前对商品进行咨询，并犹豫不决或想要更低折扣时，客服可引导消费者观看直播，告知消费者不仅有主播试用/试穿讲解，还会有直播间限量折扣等。

（8）广告推广。

商家可利用搜索或场景推广进行引流，针对自己的目标人群进行精准营销。展示在广告位上的商品，消费者可通过商详页的悬浮窗点击进入直播间，可快速提升直播间的人气。

不同阶段的直播间应如何优化

不同阶段的直播间重点关注和优化方向有所不同，下面是针对起号期、成长期、成熟期的直播间具体的优化方案。

起号期（停留+关注）

起号期关键在于引导用户关注，增长粉丝。

重点关注指标：访客数（UV）、停留时长、关注率、新增粉丝数。

侧重优化方向：人货场搭建，稳定开场，团队人员配合。

①优化直播人货场（确定对标对象）。

②广告投放/一元购拉新。

③场控工具增加互动。

④商品福利/抽奖工具提升观众停留。

⑤稳定开播时间，测试爆品，打磨主播话术。

成长期（停留+初次购买）

成长期关键在于引导客户初次购买，销售额增长。

重点关注指标：榜单排名、访客数（UV）、停留时长、最高在线人数（PCU）、平均同时在线人数（ACU）、非粉丝销售额、UV价值。

侧重优化方向：直播间套路打造，提升投放量级。

①打磨话术和套路。

②增加广告投放，测试ROI，提升新客销售额和拉新。

③场控工具增加互动。

④紧跟对标对象。

成熟期（互动+初次购买+复购）

成熟期的关键在于复购和销售额（GMV）持续爆发。

重点关注指标：榜单排名、停留时长、自然流量占比、销售额（GMV）、粉丝销售额、非粉丝销售额，新增粉丝团。

侧重优化方向：固定投放，大型营销节点，货盘丰富，店群，达人化。

①固定投放，优化ROI。

②直播间类目货盘丰富（护肤、彩妆、仪器、百货等）。

③紧跟平台营销节点活动爆发。

④主播达人化。

⑤店群模式，复制直播间。

6.4　优质标题让直播间流量暴增

优质的直播间标题，可以更好地吸引买家进入观看，让你的直播间流量暴增。为直播间起优质标题时，需要综合考虑直播内容、目标观众、互动性以及吸引力等因素。以下是一些不同类型的优质标题建议和举例：

突出内容特点类

例子1：“美妆达人教你打造春日妆容”

例子2：“健身教练带你挑战30分钟高强度训练”

例子3：“手工DIY：制作精美家居装饰品”

热门话题或趋势类

例子1：“解读最新流行趋势，时尚穿搭不重样”

例子2：“热议电影《×××》幕后揭秘，与你共赏”

例子3：“世界杯足球赛事直播，精彩瞬间不容错过”

明确目标受众类

例子1：“宝妈必修课：宝宝早期教育指南”

例子2：“职场新人必看：提升工作效率的实用技巧”

例子3：“青少年心理健康讲座：成长路上不迷茫”

强调互动与参与类

例子1：“互动游戏环节：赢取丰厚奖品，欢乐不停歇”

例子2：“观众提问时间：你的疑惑，我来解答”

例子3：“直播抽奖活动：幸运观众有机会获得神秘礼物”

利用数字或数据吸引注意类

例子1：“5步教你快速掌握一门新技能”

例子2：“10分钟瘦身操，轻松拥有好身材”

例子3：“10款热销产品推荐，总有一款适合你”

创造悬念或引人入胜类

例子1：“揭秘明星背后的秘密生活，你想知道的都在这里”

例子2：“探索神秘古镇，带你领略不一样的风情”

例子3：“即将揭晓的大奖得主，究竟花落谁家？”

融合个人风格或品牌特色类

例子1：“×××主播带你探索美食世界，品味地道风味”

例子2：“品牌特惠直播：独家折扣，限时抢购”

例子3：“×××工作室新品发布会：时尚潮流，抢先看”

利用幽默或俏皮的元素类

例子1：“笑点满满的直播间，让你笑出腹肌”

例子2："萌宠来袭：看它们如何卖萌逗乐"

例子3："轻松愉快的聊天时光，与你一起度过美好夜晚"

结合节日或特殊日子类

例子1："情人节特别直播：甜蜜告白，浪漫满屏"

例子2："春节联欢会：欢聚一堂，共庆佳节"

例子3："国庆七天乐：精彩节目不停歇，与你共度长假"

强调实用性与价值类

例子1："家居装修指南：教你打造舒适宜居空间"

例子2："职场技能提升课：助你成为行业精英"

例子3："理财投资入门课：轻松实现财富增值"

这些例子仅作为参考，实际使用时需要根据你的直播内容和目标观众进行调整和优化。同时，保持标题的简洁明了和吸引力是关键，确保观众一眼就能理解直播的主题和亮点。

6.5 多多直播营销工具

多多直播平台给商家提供了系列营销工具，可以帮助商家更好地互动、拉新、营销。主要的营销工具有四种：上架工具、转化工具、粉丝私域工具、引流工具。这四种工具的功能和使用门槛如下：

工具类型	工具	功能介绍	使用门槛	功能	数据增益
上架工具	秒拼	秒拼拍照并快速上货销量累计到模板商品，在搜广推加权，获取更多流量	店铺已缴纳基础保证金	卖货	搜广推引流每日过亿

（续表）

工具类型	工具	功能介绍	使用门槛	功能	数据增益
上架工具	甩货	设置秒杀价，促进更多用户下单	无店铺门槛 甩卖折扣不高于95折，不低于3折	卖货	提升直播间转化率
	拍卖	快速上架拍卖品，观众实时抬价竞拍，帮助拍卖品实现价格最大化	店铺领航员在前70%，或店铺保证金＞1000元	留人+涨粉	实现商品价格最大化
转化工具	直播专享券	刺激用户下单购买，开播后专享券可从下单页引流； 金额必须大于普通商品券才会在直播间露出	无店铺门槛 券后价必须低于30天最低价	进人+卖货	提升用户下单率
	店铺关注券	无门槛优惠券，带来粉丝并刺激用户下单	礼券至少为5元无门槛优惠券	涨粉+卖货	快速涨粉，促成成交转化
	首单优惠	仅限新客领取的商品券，涨粉并促进新用户转化	无店铺门槛； 商品销量大于10件，商品库存大于100件； 商品属于本店铺，为实物/有效商品	留人+涨粉+卖货	提升新客转化率
粉丝私域	普通红包	发放现金红包，带来粉丝观众并提高观看时长	无门槛	留人+涨粉	
	粉丝红包	发放现金红包，带来粉丝观众并提高观看时长与黏性	开通粉丝团； 需勾选“粉丝团达到3级可领取”选项	留人+涨粉	

（续表）

工具类型	工具	功能介绍	使用门槛	功能	数据增益
粉丝私域	粉丝团	粉丝团特权和任务提高粉丝黏性，带来更多粉丝销售额	无门槛	留人+涨粉+卖货	普通粉丝平均到达6级需在直播间内活跃30天，且需在直播间内下单，相比收益，成本是极小的
	粉丝推送	私域引流神器，购买推送发给高价值用户；站内站外全覆盖；提升老用户复购	无门槛	进人+卖货	平均投入回报率超过10
	抽奖	提供免费商品，吸引观众关注，观看直播，提高观众活跃	店铺领航员在前70%，或店铺保证金>2000元	留人+涨粉	
引流工具	一元购	引流涨粉神器，上线一元商品获取专属流量资源和高活跃粉丝群体	至少有1000件商品参与活动，商品销量>10件，商品库存>100才能报名	进人+留人+涨粉+卖货	快速引流：30分钟引流10万流量；快速涨粉：30分钟涨粉5000+；私域成交：新增粉丝14日ROI平均2.5以上
	流量卡	流量卡能为直播间带来更多推荐流量	仅限真人直播期间使用；直播间不存在违规/限流	进人+卖货	提升直播间流量

善用拼多多直播工具，巧妙引流至直播间，增强观众互动，有效提升人气。通过精准营销与互动策略，促进商品销售，最大化实现销售额与利润增长。

第 7 章

新店如何获取免费流量

7.1　拼多多搜索排名规则

拼多多的搜索排名规则是一个综合考量多种因素的复杂系统，旨在为用户提供最相关、最优质的商品搜索结果。以下是对拼多多搜索排名规则的详细解析。

综合排序

定义：综合排名是拼多多搜索算法根据商品在一定时期内的销售量、价格、质量、商品得分等多种因素综合计算得出的排名结果。

影响因素：包括但不限于商品的销售量、价格、质量评分、商品得分、点击率、转化率等。

提升方法：商家可以通过提高商品质量、优化价格策略、增加销售量、提升商品得分和使用平台推广工具等方式来提升综合排名。

销量排序

定义：销售排名是基于商品在近30天的销售数据进行的排序，千人千面展示。

影响因素：商品的销售量是影响销售排名的直接因素。

提升方法：商家可以通过促销活动、优化商品详情页、提高商品曝光率等方式来增加销售量，从而提升销售排名。

这里需要注意的是，销量排序考量的是最近30天卖出的件数，而搜索展示页面看到的是商品从上线至今的所有销量，所以只要做好近期销量，即可获得较好的排名。

商品最近30天销量在哪里查看

商家管理后台—数据中心—商品数据—商品明细页面查看。

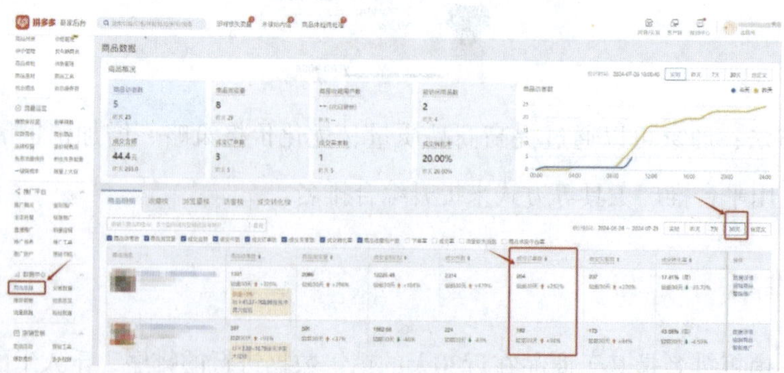

好评排序

定义：拼多多好评排序是平台基于用户的评价数据，通过综合考量评价的数量、质量、时间等因素，对商品或店铺的好评进行排序展示的一种机制。

影响因素：评价数量、评价质量和评价分数（DSR）是好评排序的主要影响因素。

提升方法：可以通过提供优质商品和服务、设置评价有礼等方式提升客户好评度。

品牌排序

定义：拼多多品牌排序是指在拼多多平台上，针对品牌商品进行的一种综合排序方式。

影响因素：品牌授权与认证、商品销量与评价、店铺信誉评分、平台活动等。

进入品牌排序的方法：

①拿到正规品牌商品授权，进入品牌库。

②提升基础销量、评分、点击率和转化率等。

③提高商品质量分。

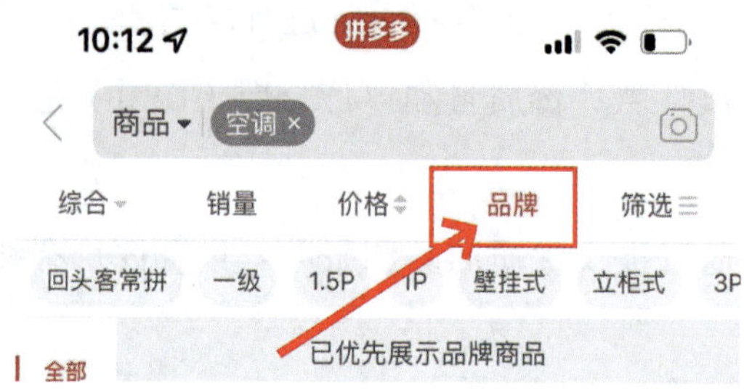

筛选排序

定义：拼多多筛选排序是平台为了满足用户多样化的搜索需求提供的一种搜索结果排序方式。用户可以根据自己的购物偏好和预算，设定价格区间、销量范围、评价等级等筛选条件，从而快速找到符合自己需求的商品。

影响因素：用户设定的筛选条件、商品属性、商品综合数据。

提升方法：优化商品属性，确保商品的属性信息填写完整，价格适中，提供更多服务如正品险、24小时发货、假一赔十等。

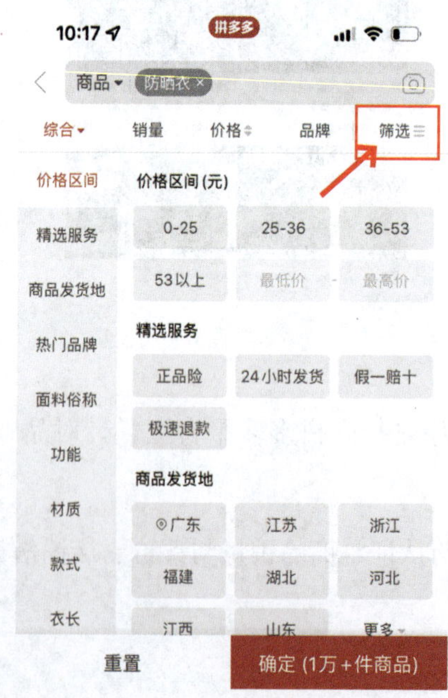

价格排序

定义：拼多多价格排序是一种基于商品价格信息的搜索结果排序方式。用户在进行商品搜索时，可以通过选择价格从低到高或从高到低的排序方式，快速找到符合自己预算的商品。

影响因素：商品价格、商品销量、商品综合评分。

提升方法：限时限量促销活动，商品设置有竞争力的价格。商家根据商品的成本、市场需求、竞争对手的定价策略等因素，合理设置商品价格。在保证利润的同时，尽量使商品价格具有竞争力，以吸引更多用户点击和购买。

7.2　拼多多类目排名规则

类目流量指的是通过拼多多首页顶部和分类页下方的类目入口，点击进入店铺的流量。例如：用户在“分类”页的类目列表中选择“百货”—“日用百货”类目，如下图所示，用户在列表中点击进入一家没有付费推广的店铺，这就是免费的类目流量。

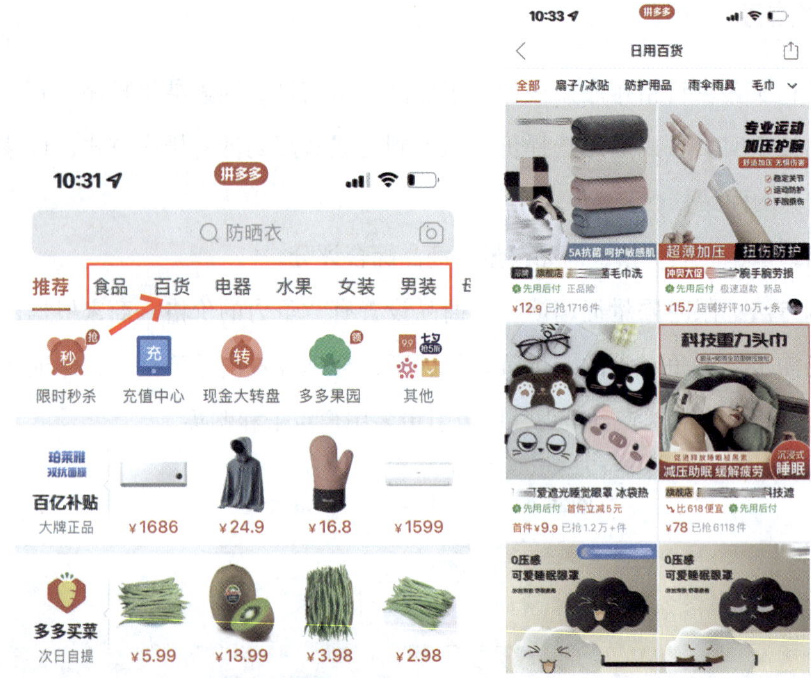

类目排序依据（影响程度由大到小）：

24小时坑产>72小时坑产>30天坑产

专家提醒：坑产指的是坑位产出，其计算公式为：成交笔数×客单价。商家可以通过设置套餐搭配、多买优惠，以及在库存保有单位（Stock Keeping Unit，SKU）中设置几个同类目下的高价格产品等方式，来提升客单价，从而提升坑产。

7.3 如何提高产品权重和店铺权重

平台想让消费者一直来买东西，就得想办法把最好的、消费者正需要的东西直接推荐给他们。那平台是怎么做到这一点的呢？它用了一种很聪明的办法，就是算法。这个算法就像是个超级厉害的挑货员，能在成千上万的东西里找出最好的。它怎么判断哪个商品好呢？就是通过看商品的很多数据，比如销量、好评、退货率等等。这些数据有的重要一些，有的不那么重要，所以它们加起来就决定了这个商品的“重要程度”，也就是权重。这样，平台就能把真正好的商品推荐给消费者了。

拼多多的数据指标有：曝光、点击率、转化率、收藏率、基础销量、评价、DSR、店铺其他服务指标，商家想要提升商品权重就需要从这些数据指标入手。

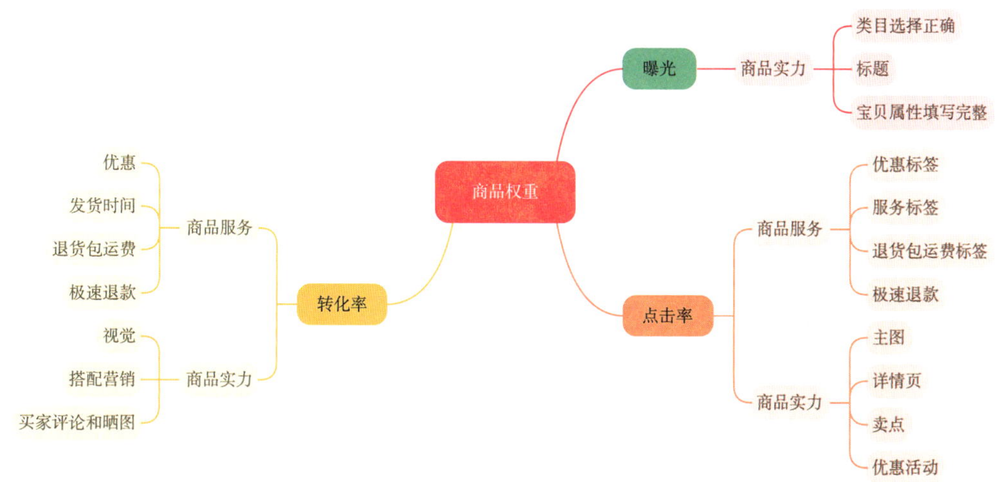

无违规

想要提升店铺权重，首先就不能有违规行为。拼多多对于商品的处罚规则中有店铺限制和商品降权，一旦商品被降权或者店铺被限制了，商品的排名必定会一落千丈。

提升曝光

类目

商品曝光度的提升，不仅依赖于搜索关键词与商品标题的精准匹配，更核心的是要确保商品被归类于恰当的类目之下。以“女装/女士精品—T恤”与“运动服/休闲服—运动T恤”为例，两者虽对部分商品通用，但市场定位截然不同。前者作为大类目，拥有更广泛的市场容量，同时也意味着更高的竞争烈度，适合大店铺高销量的产品选择，以获取更多流量；而后者作为小类目，竞争相对缓和，对于新店铺来说，选择后者类目，曝光的可能性更大。

因此，商家在选择发布类目时需深思熟虑，精准定位。正确的类目选择将直接影响商品的曝光机会，并随之调整运营策略。

商品属性

商品属性是平台也是买家了解商品的重要途径，买家对商品了解得越多，购买意愿才会更强烈，平台要考量商品的流量利用率，完善商品属性是提升排名的一个必要方法。

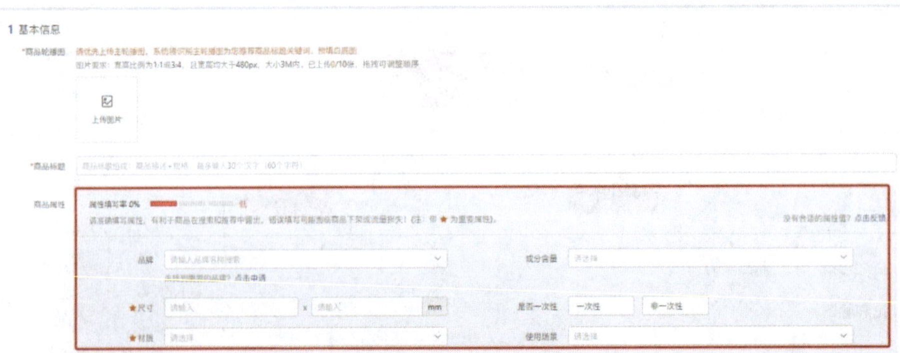

提升点击和转化

提升商品权重的一个核心要素是显著增强点击率与转化率，其中转化率的提升尤为关键。为了达成这一目标，针对不同规模（大小类目）的商品，下表总结了提高点击率与转化率的策略与方法。

优化方向	大类目	小类目
选款	选款一定要把握好时间，做到宜早不宜迟。 客户对还没有进入市场的产品是有新鲜度的，可是如果市场上都遍布了类似产品，客户就会出现审美疲劳，再进入市场想抢占优质流量，流量成本就特别高了，所以大类目选款时机很重要	选款原则：搜索人气越高越好。 此外，竞品越少越好。如果同行多但销售数量不多，还是有机会排到前面，获取流量
标题选词	除大词外，还可以多使用长尾词。 大类目不同属性词背后对应不同的人群，不同的人群也分散出不同属性需求。属性词的背后，搜索需求很大，大类目的流量来源较广，因此需要提升关键词权重	最好是目标关键词，搜索更精准。备选关键词尽量是搜索Top排行词。 小类目关键词少，尽可能使用热度高且匹配产品的关键词

（续表）

优化方向	大类目	小类目
测图	运营的前提一定是以选款测图为主。 大类目以款式为主类，前期应该侧重选款测款，测出点击率高、转化率高的产品	图片制作建议偏向功能性说明，可以从产品使用场景、效果等方面入手。 小类目本身流量有限，需要提升转化率，因此优化产品图片和产品说明，是小类目运营的重中之重
推广	推广策略：减少热词，多加长尾词。 大类目热词流量巨大但不精准，而且新品较难获得流量，因此需要多加长尾词来获取精准流量	推广策略：大词为主，长尾词为辅。 小类目本身流量不大，所以要尽快抢占类目大词流量，迅速抢占市场份额

7.4　如何写出百万级爆款标题

在拼多多的购物环境中，一个吸引人的标题是激发顾客点击欲望、进而探索产品详情的敲门砖。因此，标题的力量不容忽视，它直接关乎到产品的曝光与转化。本节我们来深入探讨如何创作出最具吸引力的标题，让产品脱颖而出。

首先，需要了解词的种类。

关键词的种类主要有：属性词、产品词、营销词、长尾词及核心词。

属性词，即那些明确描述产品特性的关键词，比如“纯棉”之于“纯棉短袖”，直接指出了材质属性。

产品词，指的是直接反映商品名称的关键词，如“短袖”，简洁明了地定义了产品类型。

营销词，指的是一类带有促销或吸引注意力的词汇，如“×年最新款”，旨在通过新颖性吸引顾客眼球。

长尾词，由多个修饰词组合而成，形成更为具体、细分的关键词，如“纯棉宽松休闲短袖”，这样的词组更能精准定位目标消费者群体。

核心词，则是产品的核心标识，直接概括了产品的主要特性与卖点，对于销售纯棉宽松短袖的商家而言，其核心关键词可包括“纯棉宽松短袖”及更为简化的“纯棉短袖”，这些词汇在搜索引擎中具有较高的权重，对于提升产品曝光度至关重要。

其次，如何找到这些关键词?

商品类目找关键词

首页搜索框下拉框找关键词

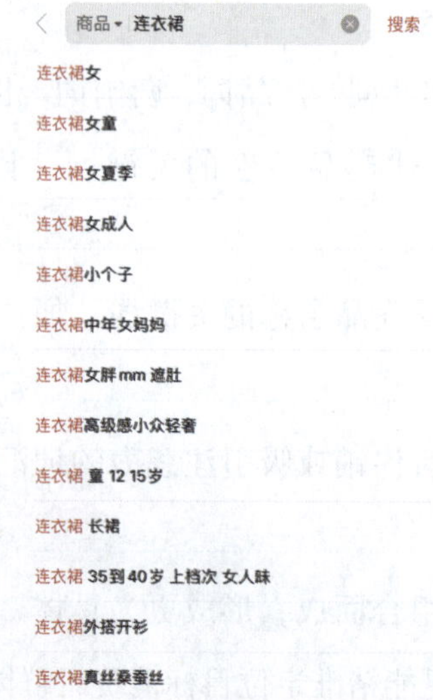

同类商品标题找关键词

参考同类商品标题，通过拆解行业优秀链接的商品标题，选择合适自己商品属性特点的关键词。

7.5　属性填写，助力流量提升

属性是什么

商品属性指的是在店铺中销售的商品所具备的独特特征与性质。商家在将商品上架时，必须详尽地填写这些属性信息，这些信息会被直接展示在商品详情页的最显眼位置，即首屏，以便消费者能够轻松区分不同商品之间的差异。

正确填写商品属性不仅有助于凸显商家自身的产品优势，还能有效避免与低质量商品产生混淆。以老板桌为例，若A商家销售的桌子桌面厚度为50mm，而市场上其他商家提供的仅为40mm，若A商家未明确标注桌面厚度这一关键属性，消费者便难以察觉这一差异，可能将A商家的产品与其他同类产品视为无差别。此外，电商平台若无法基于详尽的属性信息识别出A商家产品在厚度上的独特优势，便可能进行简单的价格比较，从而忽略了产品本身的价值差异。因此，准确填写商品属性对于商家而言至关重要。

优化属性填写，驱动搜索流量飙升

用户的购买行为往往源自于对商品关键词的主动搜索，这一模式可概括为“人找货”。在此过程中，个性化的“千人千面”推荐算法能为用户提供定制化的购物体验。

为了能在消费者进行筛选时脱颖而出，商品属性的完整性与准确性至关重要。只有当这些属性被精确无误地填写，系统才能更有效地识别并优先展示相关商品，从而增加商品的曝光机会与点击率，吸引更多潜在买家的关注。

百亿补贴Tab页　大促活动Tab页　功能属性Tab页　面料属性Tab页

优化属性填写，驱动算法推荐流量

准确填写产品属性对产品的分类与推荐算法流量分配至关重要，它能助力平台精准地推送目标流量。系统内置的算法机制会将具有相似属性的商品视为同类，基于消费者的浏览历史、收藏偏好等行为数据，智能地在首页、搜索结果页、商品详情页等多个场景推荐具有相同或相关联属性的产品。这一过程不仅提升了用户体验，还显著促进了推荐流量的有效获取。

例如，用户搜索“办公桌”，产生了浏览、收藏等行为，那么系统就会将同类产品推荐给用户。

用户搜索“办公桌”后，首页搜索框会推荐“办公桌”关键词，下方产品推荐会出现办公桌同类产品。

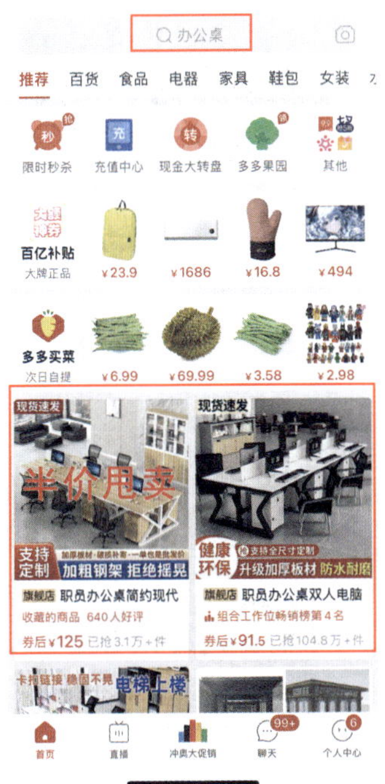

“个人中心”页面会推荐“办公桌”同类商品。

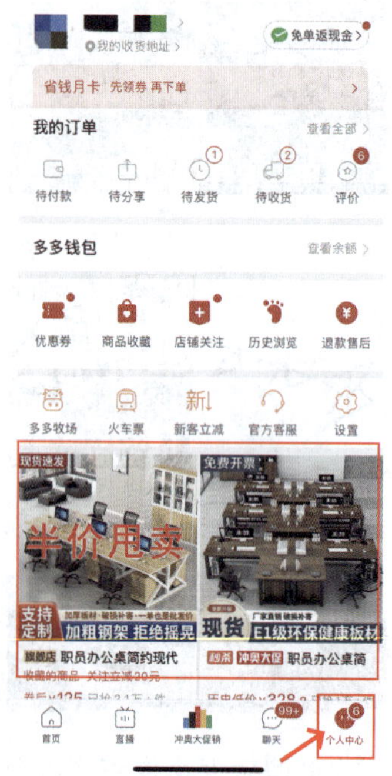

优化属性填写，榜单更进一步

系统对同类商品设有多个属性榜单，每个榜单展示同类多款商品，便于消费者对比挑选。商品属性填写完整，才能被算法识别并展示在相应榜单。商品或店铺可同时上榜多个榜单，前端优先展示排名靠前的，上榜商品转化率高，可达30%以上。

例如，右图是属性为蝴蝶结干发帽的畅销榜单。

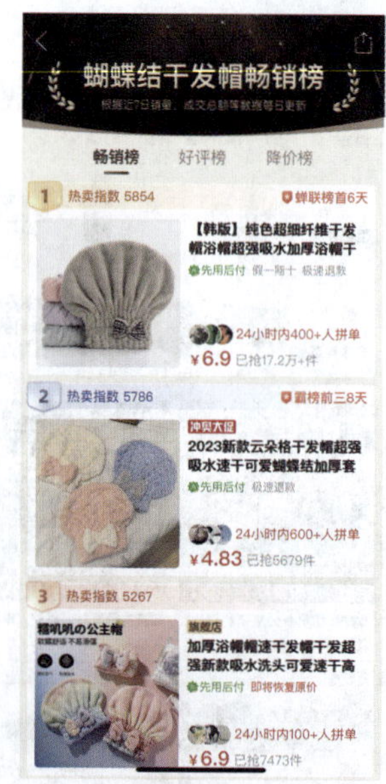

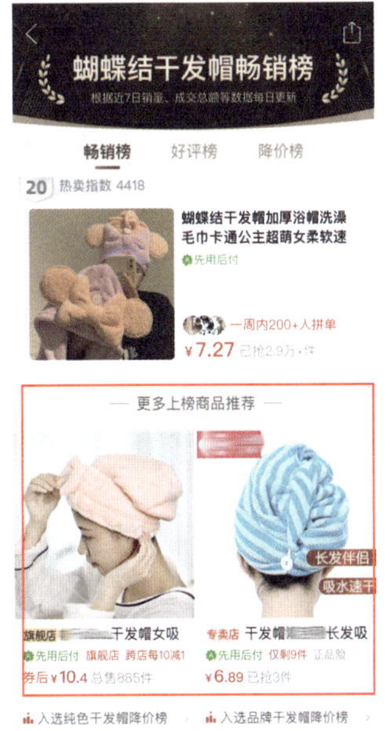

因此，拼多多属性填写至关重要，它直接影响商品曝光与流量。准确、详尽地填写商品属性，有助于平台算法精准匹配，将商品推送至合适的榜单和搜索结果中。这不仅提升了商品的可见度，还增加了潜在买家的点击与购买意愿。商家应重视属性填写工作，确保信息准确无误，以充分利用拼多多平台的流量优势，促进销售增长。

7.6　提升发货时效，获取流量特权

实验数据表明，当订单在4小时内完成发货时，其获得的好评率平均显著提升了83%，同时，商品的售后问题发生率平均下降了41%，而商品的复购率更是激增了110%。基于这些积极成效，拼多多平台对商品详情页中的发货时效标签进行了优化调整，使得那些发货速度较快的商品更加吸引消费者的眼球，从而促进了销售转化率的提升。

提升发货时效有哪些好处

提升发货时效，搜索场景流量提升8%

商品近30天满足一定订单数要求且当天16点之前的订单100%都能够在当日完成发货，将在搜索场景入选极速发货筛选池，搜索场景流量平均提升8%以上。

提升发货时效，转化率提升45%

商品实际发货时效将以预计×小时发货的标签形式在商详页展示，同类商品发货时效越快的商详页支付转化率越高，预计5小时内发货的商详标签平均商详转化率提升45%。

提升发货时效，提升商品好评率

提升商品发货时效可以有效降低商品售后率，提升商品好评率。

如何获取流量特权

①一天中多次短间隔进行订单发货处理，降低成团订单到订单发货的流转时间。

②当天16点之前的订单需当日完成订单发货并且催促物流公司完成揽收。

③增加一天中物流公司上门揽收次数，确保商品及时寄出。

第8章

爆款加速器——新手也能玩转付费推广

在电商平台上，学习付费推广不仅是商家提升品牌曝光的关键路径，更是加速打造爆款的强有力推手。掌握付费推广技巧，能让商家精准定位目标客户群体，高效利用资源实现销量飞跃。通过精准投放、数据分析与优化策略，商家能够快速提升商品排名，吸引更多潜在买家关注与购买，从而在众多商品中脱颖而出，加速爆款形成。因此，学习并灵活运用付费推广策略，对拼多多商家而言，是赢得市场先机、实现持续增长不可或缺的重要能力。

8.1 商品推广

商品推广是拼多多常用的推广方式之一。可撬动亿万搜索 + 场景流量，并带动店铺交易额全面提升。商品推广分为稳定成本推广、全店托管两种推广场景。

稳定成本推广

支持按目标投产比、按成交出价两种出价方式，可以设置成交、询单、商品收藏、店铺关注四种转化目标。

出价方式

按目标投产比出价：商家为商品设置目标投产比，系统以目标投产比为目标自动优化，并有搜索+场景亿万流量加持，帮助商家全面提升店铺交易额。

投产比=搜索和场景流量对应总交易额/花费，目标投产比设置越低，拿量能力越强，反之越弱。

按成交出价：商家为商品设置成交出价，系统以成交出价为目标自动优化，并有搜索+场景亿万流量加持，帮助商家全面提升店铺交易额。

成交出价=搜索和场景流量中预期商品成交一单的广告花费。成交出价设置越高，拿量能力越强，反之越弱。

商家设置商品收藏、询单、店铺关注等三种转化目标时，支持按照对应转化出价的出价方式。设置相关目标有助商家突破曝光瓶颈，收获潜在客户人群，挖掘更多成交机会。出价设置越高，拿量能力越强，反之越弱。

计费方式

商品推广的计费方式为按曝光计费。

全店托管

出价方式

全店托管支持按照目标投产比出价方式。推广时，商家针对托管设置整体的目标投产比及预算日限额，系统将针对托管中的商品推广进行智能调价及预算分配，并有搜索+场景亿万流量加持，帮助商家全面提升店铺交易额。

计费方式

全店托管计费方式为按曝光计费。

操作说明

商品推广可以在电脑端和手机端操作，这里以电脑端操作为例。

第一步：商家后台—推广平台—商品推广。

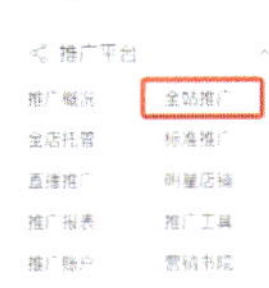

第二步：添加推广商品。支持商家手动查询商品ID，全选/单选商品。支持修改预算日限额、全站目标投产比、成交出价、创意，也可新增或删除推广商品。

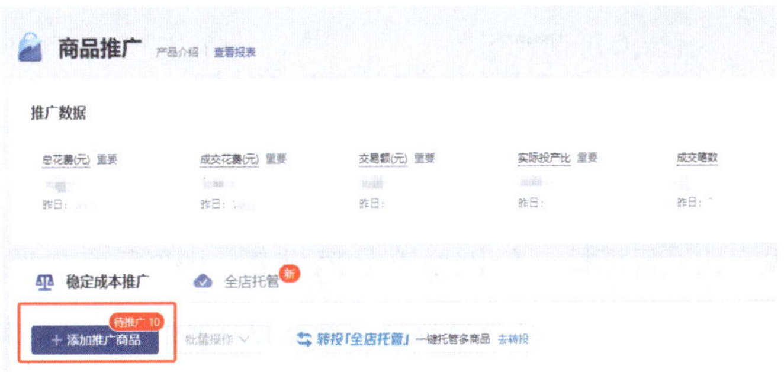

第三步：编辑推广。

可设置预算日限额、目标投产比（或成交出价）、询单/收藏/关注出价、是否开启极速起量。

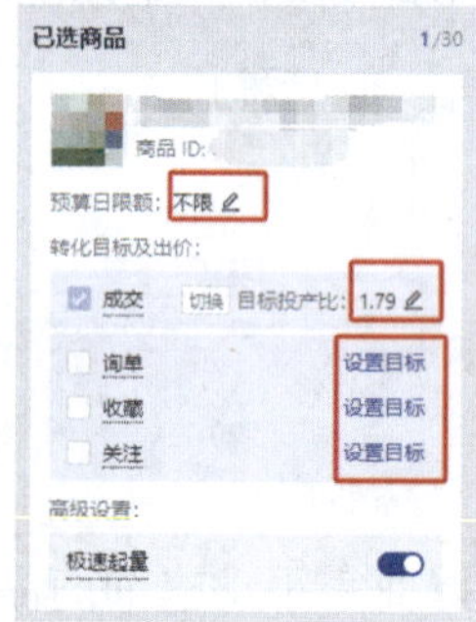

可选择按照目标投产比或成交出价，并设置对应的数值。

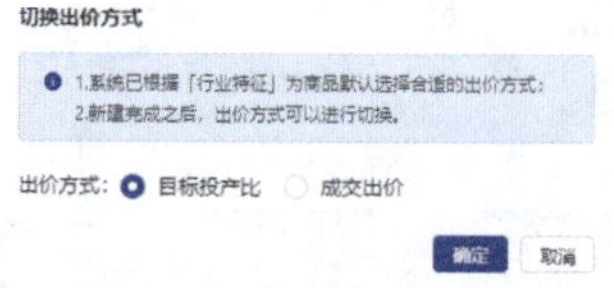

修改目标投产比。目标投入产出比=交易额/花费，即展示每花费1元在14天转化周期内带来的支付交易额。投产比设置越高，拿量能力越弱，反之越强。

修改成交出价，即搜索和场景流量中预期商品成交一单的广告花费。成交出价设置越高，拿量能力越强，反之越弱。

修改预算日限额：支持选择不限或自定义（日限额数值输入范围为100～999999.99元）。建议选择不限，以免花费达到预算日限额时该推广下线，导致流量和订单量的损失。

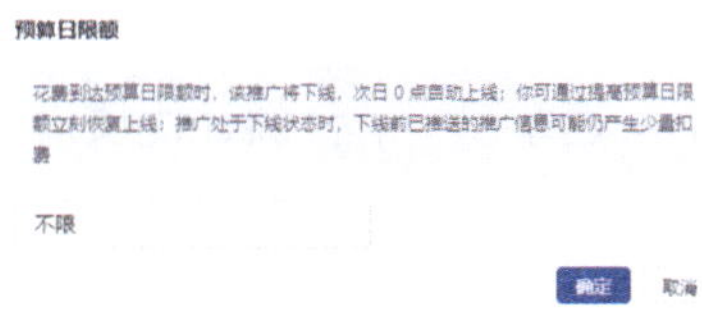

修改询单/收藏/关注出价。

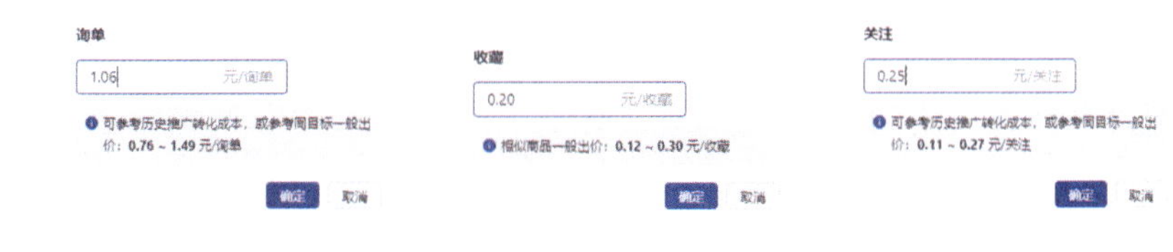

开启或关闭极速起量。

设置完成后，点击“开启推广”按钮，即可完成商品推广。手机端操作与电脑端操作类似，这里不再赘述。

什么是极速起量?

极速起量是平台针对特定商品提供的一种可以加速跑量并获得额外优质流量扶持福利的工具，帮助商品有机会获得更多曝光和订单。

特定商品：所有符合条件的商品推广。

使用规则：系统将结合推广当前所处阶段以及近期订单情况判断是否符合条件，同时系统依据是否可以较好识别你的商品决定退出时间，退出时会在推广列表中给予相应提示。

开启与关闭：系统支持你以商品维度自行开启或者关闭极速起量功能。当你开启极速起量功能后，系统将会帮助商品快速跑量同时提供额外优质流量扶持福利，此时推广成本可能产生波动。当你关闭极速起量功能后，流量扶持福利将消失，成本达成情况将逐渐改善，但同时你的推广商品的拿量能力可能下降。如果你的推广商品依旧展示“极速起量”标识，你可随时打开并继续使用功能。

打开极速起量功能后，系统将以帮助商品尽快获得曝光和订单为主要优化目标快速跑量，因此投放成本可能产生波动，“极速起量”完成后成本达成情况将逐渐改善，建议保持投放。

极速起量有什么好处?

操作简便，一键开启即享快速拿量+平台额外优质流量扶持。

结果可控，可随时通过调整出价来调控投放效果，出价越高，扶持力度越大。

专家提示：“极速起量”期间投放成本可能有波动，可通过调整出价随时调控投放效果，进入二阶段后成本达成情况将提升，建议保持投放。同时也支持商品维度开启或关闭功能。

数据指标解读

“推广中”状态：商品在商品推广广告投放系统中处于上线的状态。

目标投产比：商家设定期望系统在全站转化的交易额/花费，即期望系统在商品推广流量中每花费1元在14天转化周期内带来的支付交易额。

实际投产比：系统实际转化的交易额/花费，即系统实际在商品推广中每花费1元在14天转化周期内带来的支付交易额。系统自动优化尽可能接近你设置的投入产出比。

说明：

商品推广在投放过程中，为了更好的投放效果，系统会将推广分为两个投放阶段：数据积累期和智能投放期。

①阶段一（数据积累期）：近7天累计成交20单后进入下一阶段，在这一阶段实际投产比可能出现不稳定情况。数据积累期有助于系统早期数据积累充分，在进入到智能投放期之后更加稳定拿量。

②阶段二（智能投放期）：系统在设置的目标投产比约束下，降低数据积累期的成本波动。

商品推广常见问题解答

什么样的商品适合开启商品推广?

答：新品/稳定商品均可推广，推广后可帮助提升流量获取能力。同时建议优化好商品内功，提升商品自身的转化能力。

每天调整目标投产比的次数、幅度在什么范围内较为合适?

答：建议参考系统建议价设置目标投产比，每天修改次数不超过2次，同时注意调整幅度不要过大，尤其是目标投产比较低时，调整的幅度尽可能小。

日限额设置多少合适?

答：投放初期，建议设置具体日限额，以发挥日限额的安全作用，即如果实际花费达到日限额，推广会自动停止。当投放稳定后，建议日限额设置为不限，以保证稳定获取更多GMV。

商品推广费比的含义是什么?

答：商品推广费比=商品在商品推广中的花费/商品当天总交易额（不仅仅是广告GMV），即商品当日每获得1元交易额需要花费的推广费用。

商品推广花不出去钱/曝光量少怎么办?

答：若发现花不出去钱/曝光量少的情况，建议适当降低目标投产比。目标投产比过高，可能导致商品拿量困难。

商品推广实际投产比不稳定，忽高忽低，要如何调整?

答：尽量保持一整天稳定投放，目标投产比不要频繁调整，以帮助系统快速积累数据，进入智能投放期，达到稳定的投放效果。

商品推广需要看几天的数据效果，来评估商品是否适合投放?

答：各个商品自身情况不同，建议进入智能投放期后，再根据商品投放效果评估是否适合商品推广。

商品推广使用后和使用前相比访客并没有增长，请问针对这种商品是不是不适合投商品推广?

答：首先，需要自查标准推广的投产比与在商品推广设置的目标投产比是否相当；其次，需要自查商品推广是否在稳定投放（投放时间连续、不频繁调价）。

8.2 全店托管

全店托管是拼多多推广平台重磅推出的托管工具。商家针对托管设置整体的目标投产比及预算日限额，系统将店铺内符合条件的商品自动托管并创建推广，结合推广实时竞争情况，对每个托管中的推广进行智能调价及预算分配，解决商家需要为店铺内不同商品创建推广、不断调整出价及预算的问题，并有搜索+场景亿万流量加持，帮助商家全面提升店铺交易额。商家也可随时暂停、删除、添加托管中的商品。

适用场景：希望提升推广效率、希望提升店铺生意规模。

全店托管有什么好处?

智能投放，提升效果。智能出价和预算控制，效果优。

批量托管，操作简单。海量商品智能化托管，效率高。

自主调整，灵活便捷。可随时手动增加/删除/暂停/开启托管推广，更安心。

操作说明

这里以电脑端为例，向大家展示如何开启全店托管。首先进入商家后台—推广平台—全店托管。

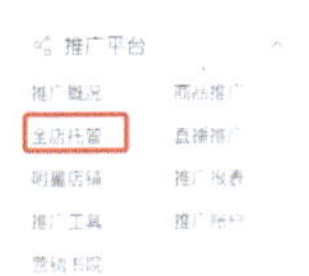

设置总投入产出比。总投入产出比=交易额/花费，数值越低，推广竞争力越强。

设置预算。

开启极速起量并设置探索花费比例。极速起量开启后，特定商品享快速跑量+平台额外优质扶持流量；探索花费比例，指愿意为极速起量商品额外分配多少比例的花费用于探索。

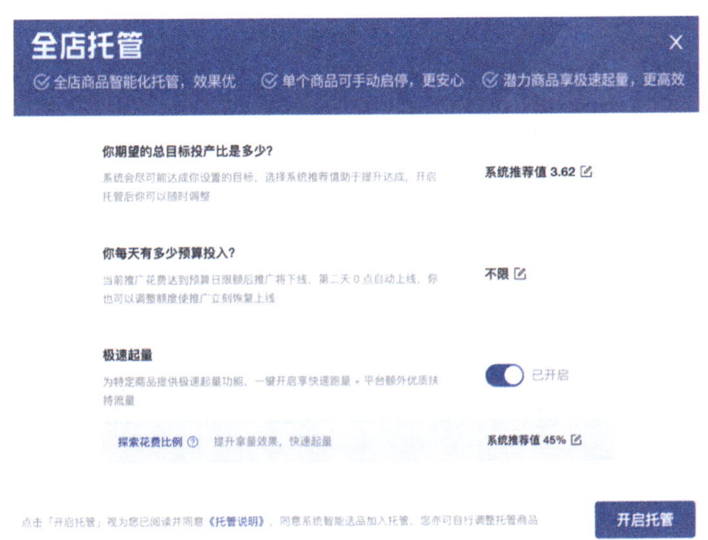

点击“开启托管”，即可完成全店托管。

如何关闭全店托管？

在拼多多推广后台—全店托管页面，点击更多—关闭托管即可操作。为了你的数据稳定，不建议频繁操作开启或关闭，系统已限制一天内仅可以开启一次及退出一次。

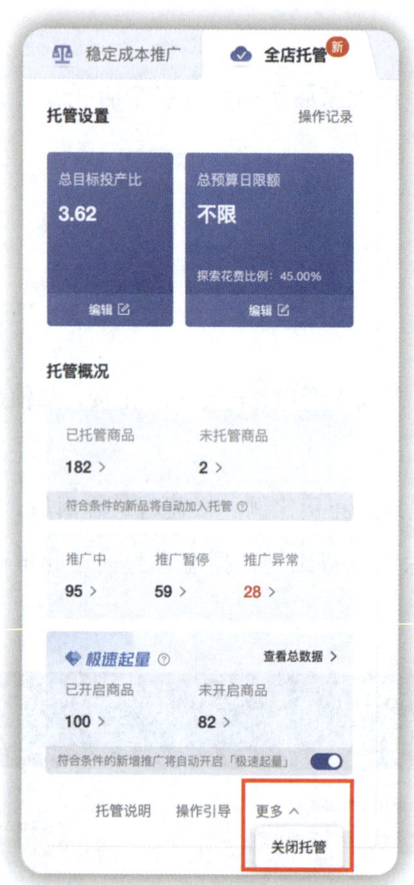

切换到全店托管，如何调整出价

参考系统的建议值设置。或者根据自身需要调整，目标投产比数值越低，推广竞争力越强。

如果新品较多，建议适当降低目标投产比要求，或者提高探索花费比例。

如果你发现实际投产比距离目标尚有差距：首先由于系统需要探索，优先建议你观察多天的数据。如果持续低于要求，可适当调高目标投产比，或者降价探索花费比例、减少极速起量中商品数量。

8.3　直播推广

直播推广可以在直播期间将直播间投放到平台优质广告资源位，实现直播间自主引流，从而提升自身店铺私域运营能力，具备曝光量大、引流快的特点。

商家在开播时，可以同步推广直播间，为直播间增加流量。直播推广支持按转化出价（即按目标投产比或者按成交出价）、按曝光出价。

计费方式：按曝光计费。

投放技巧：

保证投放时长大于3个小时、不要频繁删除与新建推广，有助于系统积累数据。

单个推广的出价调整一天不超过3次，关注全天成单量来优化投放效果。

操作说明

以电脑端操作为例。

第一步：商家后台—推广平台—直播推广；选择推广方案，可选择按转化出价或按曝光出价；填写推广名称。

按转化出价：系统会根据你设置的目标及出价进行优化，撬动全站直播公域流量；计费方式为按曝光计费。

按曝光出价：系统会根据你设置的千次曝光出价进行优化，获取广告流量；计费方式为按曝光计费。

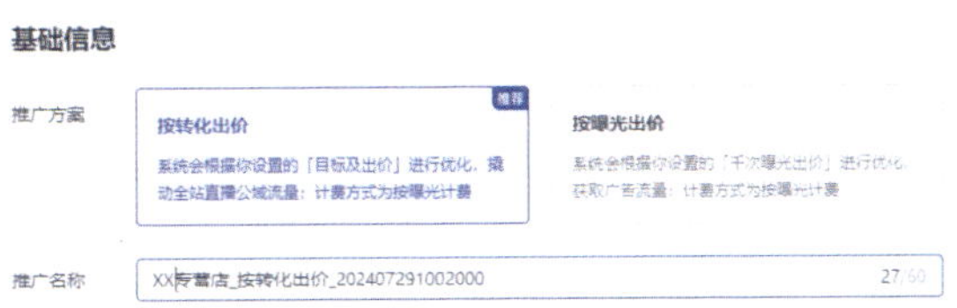

第二步：填写预算与出价信息。

按转化出价需填写目标投产比或成交出价，设置关注及深度观看出价。

按曝光出价需设置分时折扣、日限额、人群出价。

分时折扣为不同时间段扣费下调或上浮的比例，可以设置从50%—300%，例如在7:00—8:00这个时间段，投放折扣设置为50%，通投出价为20元/千次曝光，那么该时段的预计扣费为20×50%=10元。

手机端与电脑端操作类似。

8.4　明星店铺

明星店铺是为品牌商家打造的闪亮名片，用户搜索品牌相关的关键词时，在搜索结果页头部位置展示明星店铺。

明星店铺按曝光计费，商家成功申请品牌词、提交创意，在审核通过后，即可创建明星店铺推广。通过系统的计算，店铺将会在所申请的品牌词和相关关键词的搜索结果页获得展示机会。

购买欲望强烈的推广方式

- 当用户有购买意愿时，搜索品牌名，就会出现明星店铺广告位霸屏，刺激用户购买欲。

高相关性高转化

- 搜索品牌词会出现店铺Top4品牌热销商品，搜索品牌词+商品词组合会出现4款最相关的商品。

抢占流量先机

- 品牌在搜索页首位上有着曝光的优势，能够承接大部分的流量，形成转化。

店铺代言品牌

- 为用户培养店铺品牌形象，提升用户对品牌的忠诚度及信任感，促成回购。

操作说明

投放明星店铺需要提前申请品牌资质。

在明星店铺管理页中，点击“品牌词管理”，跳转到店铺信息页面，可以看到目前已申请到的品牌词。

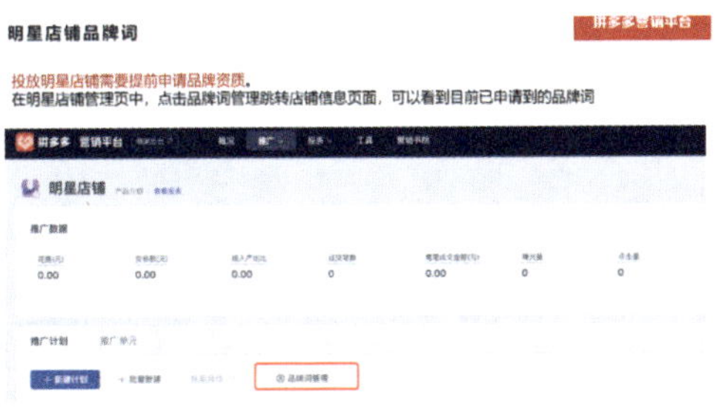

在店铺信息—品牌资质里，点击“新增商标”，可以进行品牌资质的补充。

非自有商标，商家必须上传品牌授权或独占授权证明，需授权店铺从属人在拼多多经营该品牌产品。

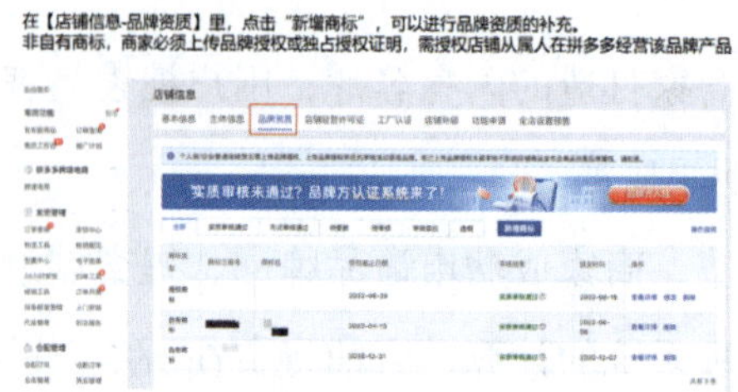

申请好品牌资质后，即可开始投放。

首先，新建明星店铺计划。以电脑端为例。新建推广，选择自己拥有的品牌词，如没有，则点击申请品牌资质并进行资质审核。

填写预算、出价及创意。

点击"新建并开启推广"，即可完成明星店铺推广。

8.5　多多进宝

多多进宝是零门槛，是按成交结算佣金的推广神器。商家通过设置佣金的形式，将商品给到站外推手进行推广，获取站外流量，无订单不收费。

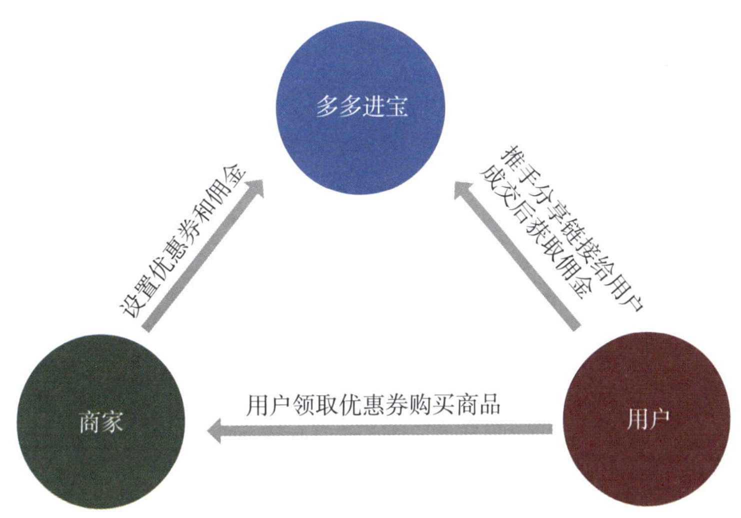

多多进宝现在有海量优质合作社交媒体和社群资源，设置多多进宝的商品，将有机会被这些外部渠道抓取并进行推广。

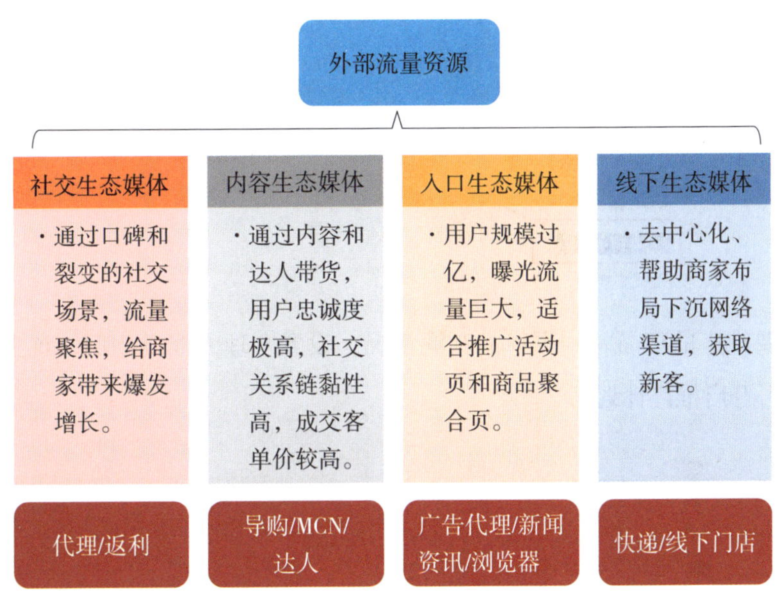

多多进宝四大优势

1. 不出单不收费：成交后结算佣金，成本可控。

2. 销量权重1比1：站外销量计入店铺权重，帮助商品登上榜单。

3. 站外流量补给：获取站外流量。

4. 零门槛开通：开通零门槛，无须提前充值。

商家可以根据自己的推广需求设置单品推广和全店推广。

单品推广

操作路径：商家后台首页—多多进宝首页。

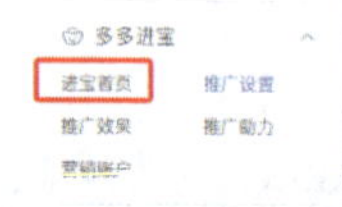

点击“新建单品推广计划”。

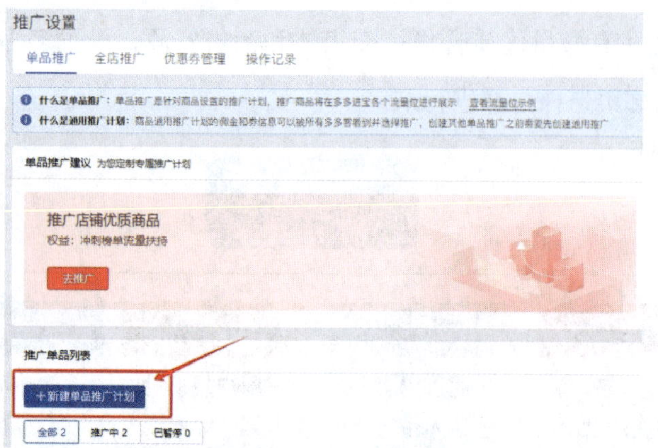

选择要推广的产品，根据产品利润情况，设置合理的佣金比例，点击“立即推广”，即可开启推广计划。

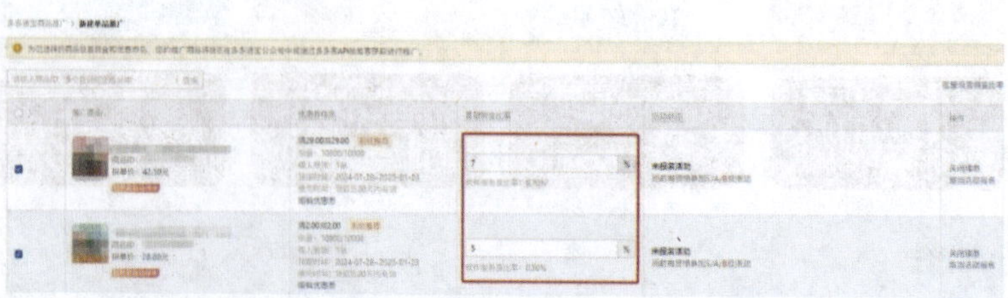

全店推广

操作路径：商家后台首页—多多进宝首页—全店推广。

编辑全店推广，设置全店推广佣金比例。点击“确定”，即可完成设置。

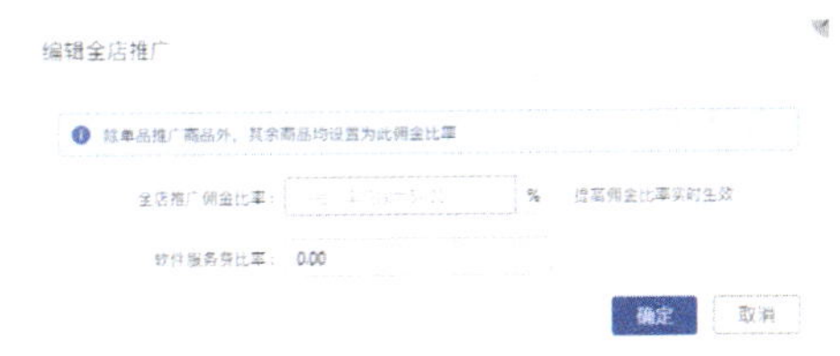

8.6　玩转推广流量，7天超5年老店

卓先生刚刚申请了“活力飞扬运动馆”的拼多多新店，仅仅用了7天时间，以其专业的营销策略和不懈的努力，超越了众多经营5年以上的老牌运动服饰店铺。

卓先生是一位热爱跑步的年轻人，也是“活力飞扬运动馆”的创始人。他深知，在竞争激烈的电商市场中，仅凭优质的产品还远远不够，必须结合创新的推广策略，才能脱颖而出。

精准定位，产品为王

首先，卓先生对店铺进行了精准的市场定位，专注于为年轻运动爱好者提供高性价比、时尚的运动装备。他亲自挑选了多款运动服、运动裤和运动鞋，确保每一款商品都符合年轻人的审美与功能需求。同时，他带领团队精心制作商品详情页，用高清图片、真实模特试穿图以及详细的材质、尺码说明，搭配动感的运动场景视频，让顾客仿佛身临其境，感受到产品的魅力。

社交媒体+KOL合作

为了快速打开市场，卓先生充分利用了社交媒体的力量。他在微博、抖音、小红书等平台上注册了官方账号，并定期发布关于运动知识的分享、产品试穿体验、运动挑战等内容，积极与粉丝互动，建立情感链接。更重要的是，他精心挑选了几位与店铺定位相符的知名运动博主和KOL（Key Opinion Leader，关键意见领袖）进行合作，通过他们的真实体验分享和直播带货，迅速吸引了大量目标客户的关注。

拼多多特色活动，玩转流量

卓先生积极参与了平台的“百亿补贴”“限时秒杀”“多多果园”等特色活动。特别是针对店铺的主打产品——一款性价比极高的运动鞋，他通过限时低价秒杀活动，配合平台补贴，迅速吸引了大量用户抢购，不仅提升了销量，还极大地提高了店铺的曝光率和口碑。

持续优化，不断创新

为了增强用户黏性，卓先生还推出了会员制度，为会员提供专属优惠、积分兑换、生日礼品等福利。同时，他建立了多个微信群，定期在群内分享运动资讯、新品预告、优惠活动等信息，还组织线上运动挑战赛、晒单赢好礼等活动，让顾客在享受购物乐趣的同时，也能感受到社区的温暖和归属感。

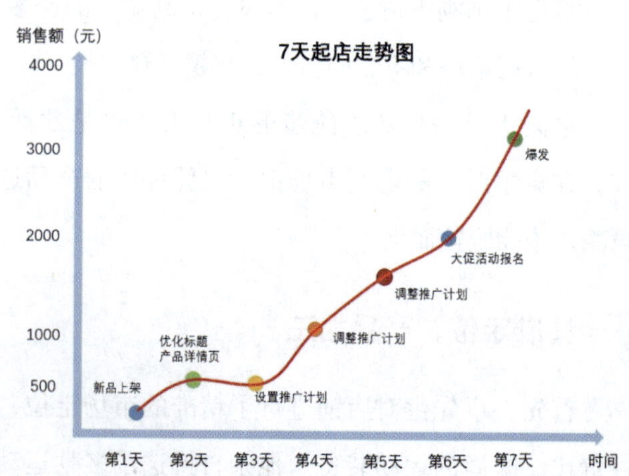

就这样，凭借着精准的定

位、优质的内容、创新的营销策略以及不懈的努力，“活力飞扬运动馆”在短短7天内，便实现了对5年老店的超越，成了拼多多平台上的一颗璀璨新星。卓先生和他的团队用实际行动诠释了“电商无界，创新无限”的真谛。

第9章 让人眼花缭乱的活动该如何选择

拼多多后台有众多的促销活动，让人眼花缭乱，不知道如何选择。商家在选择平台活动时，可以根据店铺类型、主营类目、品牌以及活动目的来筛选和确定适合的活动资源位。以下是一些具体的建议：

首先，商家需要明确店铺的主营类目和品牌，然后筛选出能够报名的活动。因为有些活动对店铺类型、商品品类和品牌是有特定要求的。通过缩小选择范围，商家可以更精准地找到适合自己的活动。

其次，商家需要考虑活动资源位的定位，选择与自己的商品相契合的活动。例如，如果商家主推的是应季新品，那么参与"'限时秒杀'活动"或"限量7折100件"等活动可能更为合适。

此外，商家还需要明确参与活动的目的，如提升权重、描绘买家画像、累计基础销量、提升店铺人气、清理库存或测款等。结合活动定位和自己的目的，商家可以最终确定要参与的活动资源位。

以下将选择几个经常报名的活动为大家详细介绍。

9块9特卖（新品专属）

频道介绍：9块9特卖是拼多多主推价格在29.9元以内的小商品的活动频道。该频道位于拼多多APP首页icon（如下图所示），拥有超大流量，同时也是拼多多转化率最好的频道之一。报名成功后可享受低价格门槛同步大促内场资格。

流量入口：

1. 9块9特卖首页"五折抢翻天"下方精选feeds流；

2. 9块9特卖类目tab；

3. 首页个性化推荐。

活动权益：

权益1：新品零销量可报名。

权益2：小商品爆发起量专属链接，百万级超高确定性流量。

权益3：无需保证金，只要成功推送即可获得长期资源位流量扶持。

权益4：9块9特卖频道商品有机会进入个性化首页，获得亿万级流量曝光。

权益5：活动报名门槛低、转化高，24小时极速审核，审核时效超高。

限量7折100件

一、活动主题：平台大促—限量最低100件7折抢（长期活动）。

二、报名时间：长期有效。

三、切价时间：报名成功即切价，有需要可随时手动取消活动，无需审核。

四、活动报名门槛：

1. 全类目（除虚拟）商品可报名。

2. 站内外综合比价基础上进行7折优惠，早日变成爆品，冲刺生意高峰。

3. 需要填报活动库存，限最低100件活动库存，卖完本活动价格即失效。

五、活动规则：

1. 活动报名商品审核通过后，活动公示的切价时间进行价格切换，活动库存卖完后，活动价格即失效。

2. 成功报名的商品会在活动时间自动切至活动价。

3. 有助于新品、慢动效生意爆发，破零利器。

4. 当商品在限量抢价格下的活动库存售罄后，活动价格也将失效，继续生效设置的其他活动价格。

六、活动商品展现方式：

1. 商品标题前展示大促标志，商品详情页展示活动横幅。

2. 搜索结果页优先展示。

3. 大促会场展示（根据买家的行为习惯，推送买家感兴趣的商品）。

七、注意：

1．活动库存售罄后，商家可以重新报名本活动。

2．报名该活动的商品不能违反拼多多平台商品发布规则，否则会随时取消活动。

“限时秒杀”活动

“限时秒杀”频道介绍

“限时秒杀”频道位于首页icon第一个位置，拥有千万级流量，是拼多多流量和转化率最好的频道之一。

参加秒杀活动有以下优势：

（1）免费获取千万级流量，迅速累计店铺销量。

（2）超低门槛报名，对全网商家开放。

（3）秒杀销量提升商品搜索排位，助力分类页冲排序，增加个性化推荐权重。

注意事项

1．提交报名后，参与活动的商品规格（SKU）将被锁定，不可修改。

2．审核通过且排期后，平台会通过消息盒子推送活动确认和限购库存通知，商家需在24小时内点击“确认”，确认前请确保线上库存充足。

3．活动确认后，请商家留意消息盒子通知，确保商品线上库存、活动保证金和秒杀价格符合要求。

4．关于寄样：审核会根据需要邀请商家寄样，商家接受寄样邀请后，请尽快安排寄样，以防寄样时间或者活动时间过期，且秒杀暂时不支持寄样商品寄回。

平台跨店满减至高85折（每满200减30）

一、活动力度：每满200减30（上不封顶，支持跨店）。

二、注意事项：1．商品将在活动价格基础上适用满减，商家按其店铺内消费者订单金额（满减优惠前消费者应付金额）比例分摊该消费者跨店满减的优惠成本。2．如果商品在参与本活动，同时也参与其他平台活动（包括但不限于百补、断码、限时限量、首页推荐专区和其他大促等），商品活动价取当前生效中的最低活动价。

三、活动商品范围：

当商家确认报名本活动，即表明提交全部商品（特定商品除外）。

四、活动商品价格：

1．活动商品价格默认设置为确认报名前30日商品销量最高时的建议价格［建议价格为订单中包含的商品价格（此处可能为拼单价、活动价等价格类型），减去优惠金额（部分商家承担成本的优惠券会正常计入）计算得出］。举例说明：若确认报名前30日商品销量最高时，商品价格为10元，在订单中使用了一张2元的商品立减券，订单实付金额为8元，则确定建议价格为8元。

2．活动商品报名时，如同一商品ID链接下不同规格对应的报名节点拼单价（此处拼单价指在商家后台创建商品时填入的拼单价）是一致的，则当不同规格计算的活动价存在不一致时，默认该不同规格参与本活动时活动价统一按较低值计算。举例说明：活动商品报名时，如同一ID下规格1拼单价为10元，规格2拼单价为20元，规格3拼单价为10元；则规格1和规格3一致，分别计算其活动价得出规格1对应活动价为9元，规格3对应活动价为8元，则参与本活动时，规格1和规格3的活动价均按8元（较低值）计算。

3．特殊说明：价格以最终报名记录中显示的活动价为准，可在“商家后台—营销活动—报名记录”中查看详细信息。

百亿在线直上秒杀

一、“限时秒杀”频道介绍

“限时秒杀”频道位于首页icon第一个位置，拥有千万级流量，是拼多多流量和转化率最好的频道之一。

参加秒杀活动有以下优势：

1. 免费获取千万级流量，迅速累计店铺销量。

2. 超低门槛报名，对全网商家开放。

3. 秒杀销量提升商品搜索排位，助力分类页冲排序，增加个性化推荐权重。

二、注意事项

1. 提交报名后，参与活动的商品规格（SKU）将被锁定，不可修改。

2. 报名成功后立即上线，在线时长72小时，在线时可随时取消活动。

3. 活动确认后，请商家留意消息盒子通知，确保商品线上库存、活动保证金和秒杀价格符合要求。

4. 仅支持百亿在线商品报名本活动。

春游大促（平台官方活动）

一、活动时间：长期有效。

二、活动切价时间：报名成功即切价，有需要可随时手动取消活动，无需审核。

三、报名要求：全品类（除虚拟）。

四、报名福利：

1. 超级满减频道页个性化展示（货找人，更精准：根据买家的行为习惯，推送买家感兴趣的商品）。

2. 惊喜平台券补贴（具体补贴以活动页面为准）。

3. 不错过后续每一场大促，大促在线期间直接升级加码权益。

春游家装节五一大促（全类目搜索推荐专区报名）

一、报名要求：

全类目（除虚拟）。

二、活动商品展现方式：

商品报名成功后，活动期间将获得以下权益：

流量权益1：搜索、推荐排序大幅加权。

流量权益2：大促主会场/分会场、拼多多开机屏、APP弹窗、消息推送、多多果园、拼小圈会场等百亿级曝光流量。

流量权益3：抖音、微博、微信朋友圈、今日头条等官方渠道免费曝光。

活动权益1：商品标题打“官方大促”标志，在同款商品中脱颖而出。

活动权益2：商品详情页增加活动横幅，迎合用户的低价心智，促进购买。

活动权益3：场景会场、主题会场高转化，帮助商品快速积累基础销量。

活动示意图如下：

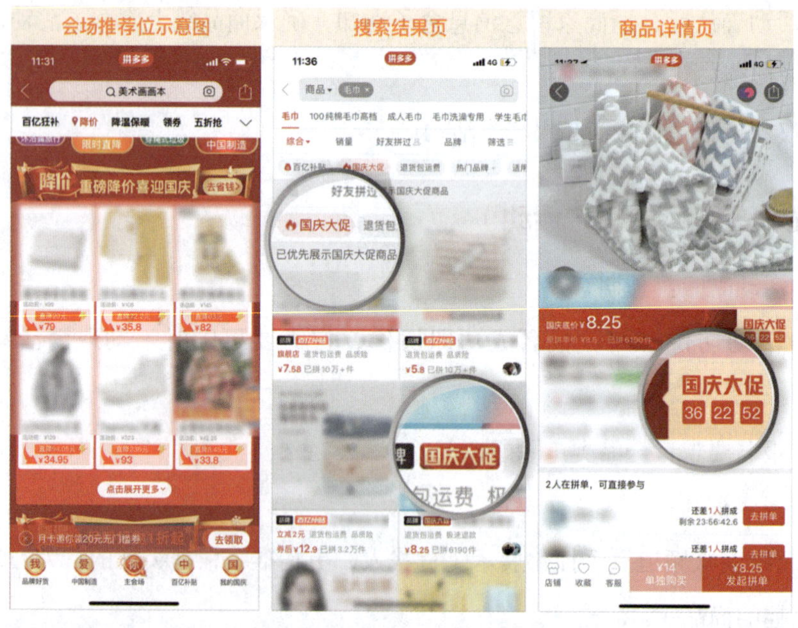

总之，对于新手商家或没有特定品牌要求的商家，可以选择一些全品类开放的活动，如“9块9特卖—新品专属”“新品专属—官方大促搜索推荐专区”“‘限时秒杀’活动”。这些活动对店铺类型和品牌没有特殊要求，而且能够带来大量的流量和曝光机会。特别是“9块9特卖—新品专属”活动，专注于低价小商品，对于新手商家来说是一个很好的起点。

拼多多商家在选择平台活动时，需要综合考虑店铺情况、活动定位以及参与目的等多个因素，以找到最适合自己的活动资源位。通过合理利用平台活动资源，商家可以有效提升商品的成交额和店铺的人气。

第 10 章

店铺基础营销工具大全

拼多多后台有非常多的营销工具，这些营销工具可以大致分为四类。

第一类：提高店铺流量（跨店满返、任务神器、粉丝抢福利、跨店买N免1）。

第二类：提高支付转化率（优惠券、限时限量购、下单送赠品、智能营销、短信营销、新客立减、分期免息、商品定金工具、催付助手、膨胀券）。

第三类：提升客单价（多单立减、店铺满返、满2件打折、店铺满减、店铺打折）。

第四类：店铺运营（评价有礼金、交易二维码、批发采购、绑定公众号、分享店铺）。

接下来将选择几种常用的营销工具，为大家详细介绍。

10.1 定向人群转化神器——惊喜券

惊喜券是什么

平台优惠券有很多种，如商品立减券、店铺关注券、惊喜券、直播专享券、领券中心券、订单复购商品券、私密券、短信直发券、客服专用券等。这里重点讲解优惠券中的惊喜券。

惊喜券是针对近期询单、收藏、浏览过店铺商品的兴趣潜客人群，定向发放的优惠券。

惊喜券初期将主要支持商家在商聊场景向消费者发放，惊喜券的订单不计入历史最低价。

惊喜券有什么用

针对兴趣潜客人群设立优惠，有助于提升对商品感兴趣的消费者的下单转化率，提升店铺GMV。

商家定向私域场景的新工具，高效进行定向场景的人群分层运营。

怎么设置惊喜券

找到惊喜券设置页面

商家后台—营销工具—优惠券页面，点击“惊喜券”。

设置步骤

优惠券名称：已默认填写。

领取时间：可自行设置（为保证活动效果，建议设置大于7天）。

每人限领：可选择1—3张。

活动商品：选择参与惊喜券的商品。

设置面额：默认推荐优惠面额，建议设置面额大于商品其他公开优惠，可获得更高转化。

点击“创建”。

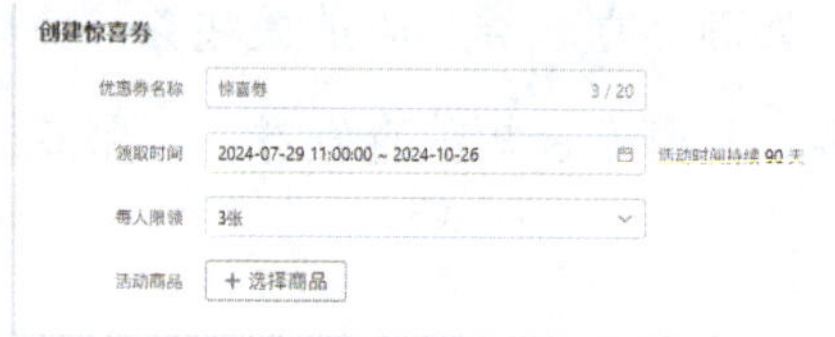

查看数据

你可在商家后台—营销工具—优惠券—优惠券管理处查看惊喜券的具体数据。

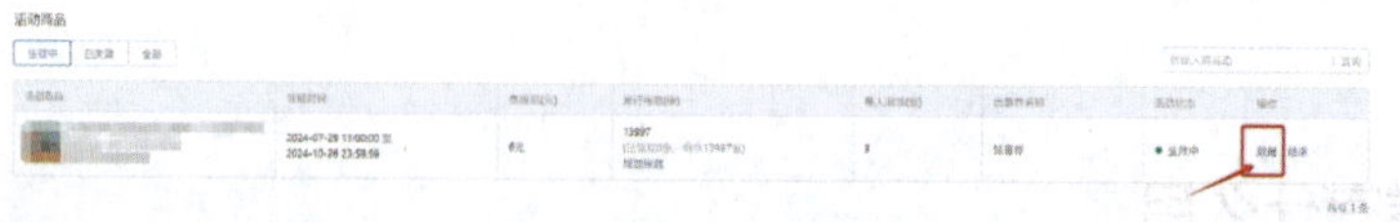

常见问题

惊喜券可以与哪些优惠叠加使用?

答：惊喜券可与活动价、平台券等叠加使用，需注意优惠叠加的风险；不可与店内优惠，如商品立减券、全店满减券、新客优惠、店铺关注券、粉丝关注券等叠加使用。

惊喜券设置后什么时候生效？

答：惊喜券至少24小时后生效，请注意查看页面确认活动状态。

消费者看到的效果如何？

答：初期部分消费者将在与商家的聊天框中获得惊喜券，点击后可直接核销。

10.2　爆款必备——限时限量抢购

展示位置

“限时限量抢购”在商品推荐列表、搜索列表、商品详情页有专属标签展示，支付转化率平均提升25%。

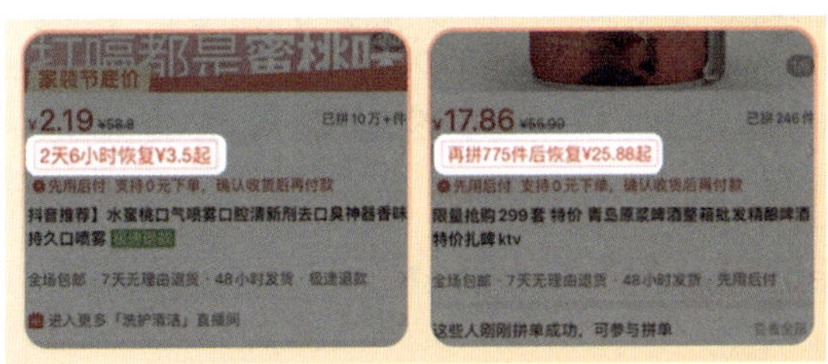

设置技巧

限量折扣

设置一定数量的商品打折销售，卖完即止。

适量多次更容易促成下单，单次最多设置10万件。

适合爆品持续稳固优势，建议新品、滞销品设置更低折扣售卖。

限时折扣

规定时间打折销售，到时即止。

短时多次更易促成下单，最长可设置7天。

适合打造爆款，短时间冲销量。

新手设置建议

新手商家建议优先设置限时折扣，少量多次。一般情况下，限时折扣时长建议设置为一天，限量折扣建议设置数量为200件。

10.3 评价有礼金——快速提升店铺DSR评分

商品开通“评价有礼金”工具，完成交易后，买家客观评价商品，若评价内容含有图片，平台即向买家发放平台现金红包。

如何设置“评价有礼金”

营销工具—评价有礼金—选择活动商品。

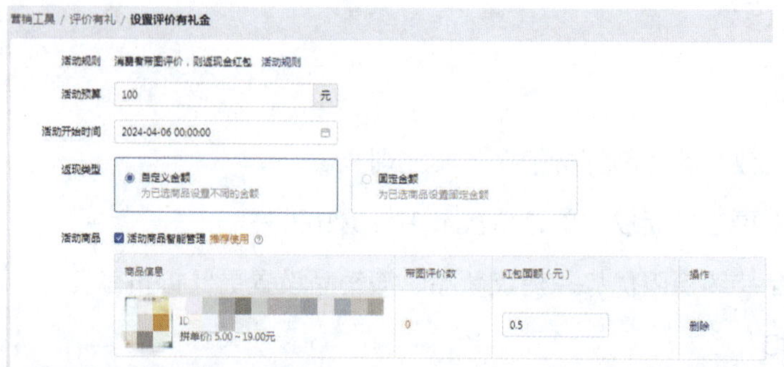

设置活动预算、活动开始时间以及红包金额，红包金额可以是0.5—3.9元不等。点击“支付并创建”即可创建“评价有礼金”活动。注意，该活动需要支付7%的服务费，如预算为100元，则商家需向平台支付100*（1+7%）=107元。

设置技巧

设置好“评价有礼金”活动后，订单页面会有“评价有礼金”的提醒字样，买家在评价时会看到。如何让更多买家参与“评价有礼金”活动呢？有以下三个方法供参考：

方法一：详情页注明“评价有礼金”活动。买家在购买产品前即知道此活动，有助于提高产品的转化率。

方法二：直播间介绍新品时，主播向买家告知此活动。主播可以这样说：“家人们，购买这个产品，除了享受限时折扣外，还可以获得额外的3元现金红包，你只需要在收到货后，晒出你的真实评价就可以获得哦。”

方法三：给参加活动的商品设置自动回复。当买家发送商品卡片给客服时，客服自动回复告诉客户，该产品正在参加“评价有礼金”活动，有助于提升询单转化率，并提醒买家在收到货后及时评价。

第 11 章

客户服务

11.1　客服沟通技巧与话术

拼多多客服沟通技巧与话术是提升客户服务质量、增强客户体验的关键。以下是一些建议，帮助拼多多客服更好地与客户沟通。

沟通技巧

倾听与理解

在与客户沟通时，首先要做的是耐心倾听客户的需求和问题，确保真正理解客户的意图，避免因为误解而导致不必要的纠纷。

友善与尊重

保持友善和尊重的态度，用亲切的语言与客户交流。即使面对投诉或不满的客户，也要保持冷静，避免使用冲突性的语言。

准确与专业

在回答客户问题时，要确保信息的准确性和专业性。对于不确定的问题，不要随意猜测或给出模糊的答案，而是应该查询相关资料或请教同事后再给予回复。

清晰与简洁

在与客户沟通时，尽量使用简洁明了的语言，避免使用过于复杂或专业的术语，确保客户能够轻松理解你的回复。

引导与建议

在适当的时候，可以主动向客户提出建议或引导客户解决问题。这不仅可以提高客户满意度，还可以增加客户对店铺的信任感。

常用话术

欢迎语

“您好，欢迎光临我们的拼多多店铺！有什么可以帮助您的吗？”

“感谢您选择我们的店铺，请问有什么可以为您效劳的？”

回复咨询

“您咨询的这款商品非常受欢迎，它的特点是……请问您对颜色或尺码有什么特殊要求吗？”

“关于您提到的优惠活动，目前我们店铺有……活动，您可以享受……优惠。”

处理投诉

“非常抱歉给您带来不便，我们会尽快核实并处理您的问题。请您提供一下订单号，方便我们查询。”

“感谢您的反馈，我们会认真倾听您的意见，并努力改进我们的服务。”

引导购买

“这款商品目前库存紧张，建议您尽快下单哦，以免错过。”

“如果您对这款商品感兴趣，可以加入购物车，方便您随时查看和购买。”

结束对话

“感谢您的咨询，祝您购物愉快！如有其他问题，随时欢迎您再次联系我们。”

“祝您在拼多多购物愉快，期待您下次光临！”

注意事项

避免使用负面词汇：在与客户沟通时，避免使用负面或消极的词汇，以免给客户留下不好的印象。

保持专业性：在回答客户问题时，保持专业和准确，避免给出错误或模糊的信息。

注意语气和语调：保持友好和亲切的语气，避免过于生硬或冷漠的语调。

定期更新话术：根据店铺的活动和客户需求的变化，定期更新和优化话术，确保与客户的沟通更加顺畅和有效。

11.2　使用客服工具，大大提升询单转化

拼多多为商家提供了方便快捷的客服工具，帮助提升询单转化。客服工具实现了即时沟通，迅速响应买家疑问，提供专业解答，增强买家信任。同时，通过智能分流功能，确保每位买家都能获得最合适的服务，提升满意度。此外，客服工具的数据分析功能帮助商家持续优化服务，提升客服效率与质量，从而有效促进买家下单，实现询单到成交的高效转化。以下是客服工具的使用方法。

开场白和常见问题设置

客服开场白设置

亲切友好：开场白应该充满热情，使客户感受到欢迎和关注。例如："您好，欢迎光临我们的店铺！我是客服××，有什么可以帮助您的吗？"

突出店铺特色：在开场白中可以适当提及店铺的优势、特色商品或正在进行的活动，以吸引客户的兴趣。例如："我们店铺专注于高品质、低价格的商品，相信您能在这里找到满意的产品。"

引导客户：开场白也可以用来引导客户提问或浏览店铺。例如："如果您有任何疑问或需要帮助，请随时告诉我。同时，我们店铺有很多热销商品和新品上架，您也可以自行浏览。"

常见问题设置

常见问题分类：根据客户的反馈和店铺的实际情况，将常见问题进行分类，如订单问题、商品问题、售后问题等。这样有助于客服快速定位并解答客户的问题。

详细解答：对于每个问题，提供详细、准确的解答。确保解答内容清晰明了，避免使用模糊或专业的术语，以免引起客户的误解。

添加图片或视频：如果可能的话，可以为常见问题添加相关的图片或视频，以更直观地展示解答过程或产品特点。

定期更新：随着店铺运营和客户反馈的变化，定期更新常见问题列表，确保解答内容始终与实际情况相符。

设置方法

登录拼多多商家后台，在商家后台中找到“多多客服—消息设置”选项。

设置开场白：在相应的设置页面中，找到开场白设置选项，输入预先准备好的开场白内容，并保存设置。

设置常见问题：同样在消息设置或自动回复等页面中，找到常见问题设置选项，为每个问题添加问题和相应的解答内容，并保存设置。

商品卡片自动回复

设置拼多多商品卡片自动回复的步骤如下：

登录拼多多商家后台，进入“客服管理”模块。在“客服管理”页面，找到“消息设置”选项，点击进入。在“消息设置”页面，找到“商品卡片自动回复”功能，点击进入设置页面。

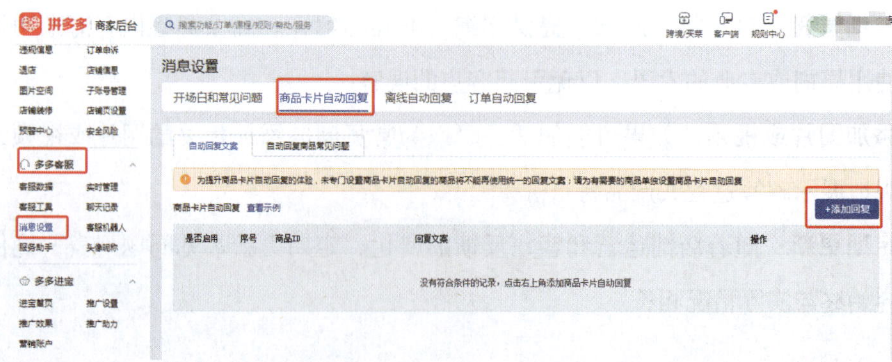

点击“添加回复”，然后勾选要设置自动回复的商品ID，输入针对该商品的自动回复内容。这部分内容可以是关于商品的详细信息、优惠活动、购买建议等，确保回复内容准确、简洁并有助于提升客户体验。

确认设置无误后，点击“保存”或“确认”按钮，使设置生效。

团队话术设置

在拼多多上设置团队话术，可以按照以下步骤进行：

登录商家账号，进入拼多多工作台。在“多多客服”一栏点击“客服工具”。

在“团队话术设置”部分，会看到“新增话术组”设置选项。这里可以设置不同组别的团队话术。组别可以根据产品分组，或根据售前/售后分组等。

点击“新增话术”，输入对应的产品话术，点击“确定”即可设置成功。

团队话术管理中，也可直接导入话术。导入话术需要按照拼多多导入话术模板填好，然后再进行上传导入。如有多个店铺经营，需使用同一套话术，也可将该店铺的话术导出，再导入新店铺，即可使用。

最后，要记得点击“一键启用”按钮，完成团队话术设置。

分流设置

进入拼多多商家后台，找到并点击“多多客服”选项，进一步选择“客服工具”。

在客服工具页面，找到并点击“分流设置”选项。这里通常会有“按来访页面分流”“按订单状态分流”“离线分流”和“不分流账号”四个选项。

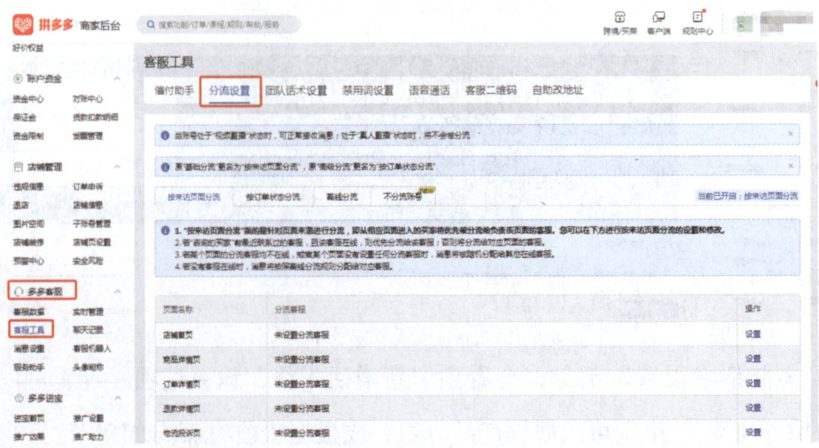

一般来说，建议使用“按订单状态分流”，可以分为“售前客服组”“售后客服组”。

点击“新建分组”。

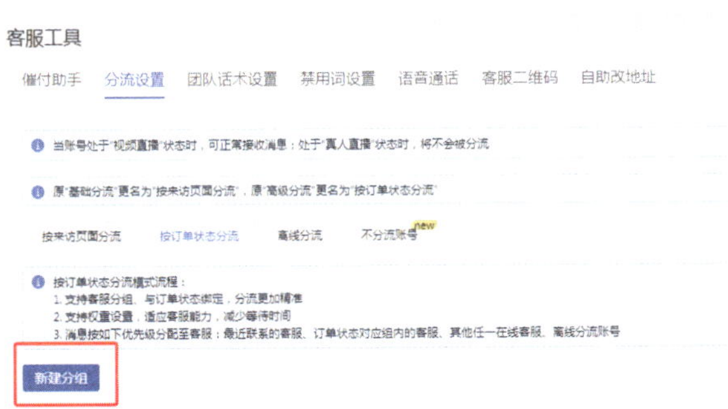

填写分组名称，如“售前客服组”，点击“下一步”。

添加订单状态，若是售前客服组，可勾选“未成团”，点击“下一步”。

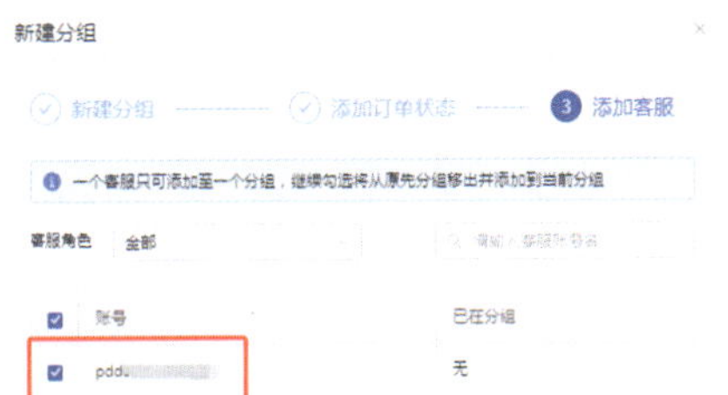

勾选需要作为售前的客服账号，点击“确认”，即可完成设置。

离线分流：当前没有账号可以接待顾客时（因不在线、商家设置或正在直播等原因），消息将分配给该离线分流账号。

不分流账号：若有账号仅做运营工作，不参与客服工作，可以将该账号设置为不分流账号，设置后的账号将不会被分流。

11.3 客户关系维护与提升

拼多多客服在客户满意度与忠诚度管理方面扮演着至关重要的角色。以下是一些方法，帮助拼多多客服提升客户满意度和忠诚度。

提升客户服务质量

专业知识储备：客服人员应深入了解拼多多平台的产品、服务、政策等，以便能够准确、快速地回答客户的问题。

热情友好态度：保持积极、热情的服务态度，主动与客户沟通，让客户感受到尊重和关心。

快速响应：对于客户的咨询和投诉，客服人员应尽快回复，避免让客户等待过长时间。

建立有效的沟通机制

多渠道沟通：利用拼多多平台提供的聊天工具、电话、邮件等多种方式与客户保持沟通，确保信息的及时传递。

倾听与理解：耐心倾听客户的问题和需求，确保充分理解后给出解决方案。

定期回访：对于重要客户或问题较多的客户，可以定期进行回访，了解他们的满意度和需求变化。

提供个性化服务

个性化推荐：根据客户的购买历史和喜好，推荐适合他们的商品或服务。

定制服务：对于有特殊需求的客户，可以提供定制化的产品或服务，满足他们的特定需求。

节日关怀：在重要的节日或客户生日时，发送祝福和礼物，表达关心和感谢。

处理投诉与纠纷

积极处理投诉：对于客户的投诉，客服人员应认真对待，尽快查明原因并给出合理的解决方案。

公平公正处理纠纷：在处理客户纠纷时，应保持公平公正的态度，维护双方的权益。

建立客户反馈机制

设立反馈渠道：在拼多多店铺或客服页面设置客户反馈渠道，方便客户提出建议和意见。

认真处理反馈：对于客户的反馈，客服人员应认真阅读并处理，及时调整服务策略，提升客户满意度。

利用数据分析优化服务

分析客户数据：通过对客户购买记录、咨询记录等数据的分析，了解客户的需求和行为习惯，优化服务策略。

优化流程：根据数据分析结果，优化客服流程和服务流程，提高服务效率和质量。

拼多多客服在客户满意度与忠诚度管理方面需要注重提升服务质量、建立有效沟通机制、提供个性化服务、处理投诉与纠纷、建立客户反馈机制以及利用数据分析优化服务等方面的工作。通过这些措施的实施，可以有效提升客户满意度和忠诚度，为店铺的长期发展奠定坚实的基础。

11.4 客服绩效考核数据与方法

售前客服的核心数据

30秒应答率

30秒应答率=8:00—23:00期间，商家客服在30秒内人工回复的消息数/买家消息总数。

要知道：回复慢10秒，流量往外跑。客服不应答，推广费白花。越快回复买家，留住买家的希望就越大。

平均响应时间

平均人工响应时间：8:00—23:00期间，买家每次发消息到商家客服人工回复，买家所等待的平均时长。

大家的时间都是宝贵的，平台卖这个商品的也不止你一家。买家来咨询售前客服，客服爱理不理的话，对方可能就选择别人的店铺了。

有效回复率

有效回复率=有效回复的消费者总人数/咨询该商家的消费者总人数×100%=（咨询该商家的消费者总人数-无效回复的消费者总人数）/咨询该商家的消费者总人数×100%。

网购看不到实物，所以沟通显得特别重要。如果能及时地回复客户，成单自然也就更多。而且很多活动的报名都和回复率有关，因此提升回复率是售前客服的重要职责之一。

询单转化率

询单转化率就是来店铺咨询最终下单且成团的人数占来店铺咨询人数的百分比，即询单转化率=最终成团人数/询单人数。

买家咨询即说明有了购买意向，只要适当地引导就能转化为实际的利润，所以询单转化率是反映客服专业技能一个非常重要的指标。

客单价/客件数

客单价=销售额/销售买家数，即对于成交的买家，平均每次购买成交的金额。客件数=销售量/销售买家数，即平均每个买家购买商品件数。

客单价和客件数反映了客服对买家需求把握及产品关联的熟悉度，即能不能通过买家的某一个需求关联到更多产品，能不能推荐更多的套餐，是反映客服技能的重要指标。

投诉率

买家一般只会在不满的时候投诉客服，所以投诉率是衡量客服服务态度最直接的指标。

售后客服的核心数据

纠纷退款率

平台介入退款成功且判定为商家责任的为纠纷退款订单。如果你店铺的纠纷退款率过高，说明店铺售后服务质量不好。

客服在退款产生后可以主动与买家沟通，处理解决买家的合理需求。客服在减少店铺介入率、纠纷率上有着重要的作用。

平均退款速度

近30天所有退款成功的订单的平均退款时长。

售后这一部分，主要是要让买家感觉到售后无忧，所以退款速度越快，他们就会越满意，会更愿意复购。

拼多多客服绩效考核表

当店铺逐渐成熟，团队规模逐步扩大，客服人员需要进行工作的量化和系统化管理。下表为拼多多售前客服绩效考核表，商家可根据自身实际情况调整。

客服人员绩效考核表		
考核周期：1个月		
项目	任务指标：本月工作重点	相关项目或任务
1	基准点：大于等于5个客户投诉KPI*50%，大于等于10个客户投诉KPI为0	零投诉
2	销售额/有效下单付款人	客单价

（续表）

项目	任务指标：本月工作重点	相关项目或任务
3	服务质量检测	上级评分（抽查聊天记录）
4	工作进度掌握	咨询转化率、平均响应时间
5	公司月度业绩指标完成	销售额占比

项目	指标	选取原因	衡量标准		A/B/C/D等级	权重	数据来源	KPI值
1	客单价	销售额/有效付款客户数	A	$x \geqslant 100$	A=20	20%	后台数据	
			B	$80 \leqslant x < 100$	B=15			
			C	$60 \leqslant x < 80$	C=10			
			D	$x < 60$	D=5			
2	咨询转化率	付款人数/咨询人数	A	$x \geqslant 40\%$	A=20	25%	后台数据	
			B	$30\% \leqslant x < 40\%$	B=15			
			C	$20\% \leqslant x < 30\%$	C=10			
			D	$x < 20\%$	D=5			
3	销售额占比	个人月度业绩占比	A	$x \geqslant 20\%$	A=20	20%	后台数据	
			B	$15\% \leqslant x < 20\%$	B=15			
			C	$10\% \leqslant x < 15\%$	C=10			
			D	$x < 10\%$	D=5			
4	平均响应时间	对工作效率的掌握	A	$x < 60$秒	A=20	20%	后台数据	
			B	60秒 $\leqslant x < 70$秒	B=15			
			C	$70 \leqslant x < 80$秒	C=10			
			D	$x \geqslant 80$秒	D=5			

（续表）

项目	指标	选取原因	衡量标准		A/B/C/D等级	权重	数据来源	KPI值
5	执行能力	任务的执行力度	A	根据日常工作执行力程度评定	A=5	5%	上级评分	
			B		2<B≤4			
			C		1<C≤2			
			D		0≤D≤1			
6	协作能力	团队协作共同进步	A	根据日常工作中团队协作能力评定	A=5	5%	上级评分	
			B		2<B≤4			
			C		1<C≤2			
			D		0≤D≤1			
7	提高性	改善上个月考核中存在的问题	A	根据改善情况评定	A=5	5%	上级评分	
			B		2<B≤4			
			C		1<C≤2			
			D		0≤D≤1			
岗位绩效指标								
能力评估分值								
总分								
被考核者签字				开始日期				
考核者签字				结束日期				

11.5　如何有效提升店铺DSR评分

什么是店铺DSR

①店铺近90天内消费者给的动态评分（Dynamic Service Rating）。

②包括描述相符、物流服务、服务态度三项评分。

③只有近90天有效评价达50个及以上，才会统计评分。

注：有效评价，即系统过滤下单、支付和物流存在异常的订单后，有效订单产生的商品评价。

提升店铺DSR有什么好处

提升拼多多店铺DSR评分具有多重好处。高DSR评分能够直接影响产品的转化率，当消费者看到店铺动态评分较高时，会增加对店铺的信任感，从而更愿意下单购买。其次，高DSR评分有助于店铺参与拼多多平台的活动，因为平台往往对参与活动的店铺设定一定的评分要求。此外，高评分还能提升店铺在平台上的流量和订单量，因为拼多多平台通常会根据店铺的评分进行流量分配。

提升店铺DSR的四个方法

方法一：实物与描述相符

在商品上架前确认商品描述和实际是否一致，例如衣服的尺码是否和详情页的尺码表吻合，图片颜色是否接近实物颜色。避免买家收到衣服后因尺码不符或者色差过大而给予差评，影响店铺DSR评分。

另外，商家还可以通过评语反馈，整理出产品本身的问题，进一步优化产品和详情页，让实物和页面描述保持一致。

方法二：选择有实力的物流公司

在选择合作快递前，一定要考核该物流公司的综合实力，包括但不限于收货、揽件、物流、派件、问题件处理等服务细节是否完善。

方法三：售前售后齐发力，收获好评

售前客服

详细介绍商品属性，如面料、尺码、适用人群等。介绍运费说明，如偏远地区运费、退换货运费等。介绍优惠活动，如店铺满减、优惠券、评价有礼等活动。介绍库存情况，如商品正在预售、预计发货时间等。

售后客服

在客户收到货后，及时跟进，并提示客户评价有礼，或告知老客户福利等，争

取好评。

若客户收到货后不满意，首先表达歉意，并提出解决方案，争取与客户友好协商处理，避免差评。

方法四：合理引导评价，遇恶意订单速举报

商家可提供老客户交流服务，使用平台工具提供赠品等，合理引导评价。如果遇到恶意订单，商家也可在客户评价页面进行举报。

第 12 章

独家揭秘拼多多爆款如何打造

12.1　新品快速破零

拼多多新品快速破零，不仅是迈向爆款之路的首要一步，更是决定性的关键节点。采用恰当的策略，其益处颇丰。通过精准的市场定位、优化的商品详情页和诱人的促销策略，新品能迅速吸引消费者的目光，从而实现销量的突破。这不仅有助于积累初期的好评与口碑，更能为后续的销售打下坚实基础。同时，快速破零的新品还能提升店铺的整体权重与排名，进而带来更多流量与潜在顾客。因此，拼多多新品快速破零不仅具有短期效益，更是店铺长期发展的有力保障。

社交分享

社交分享，即通过将商品分享到朋友圈、微信群等社交平台，发动亲朋好友购买。此方法的优势在于无需任何门槛，操作简易。以下是具体的操作指南：

当我们将商品上传后，在商品列表里就会有“分享激活”按钮。

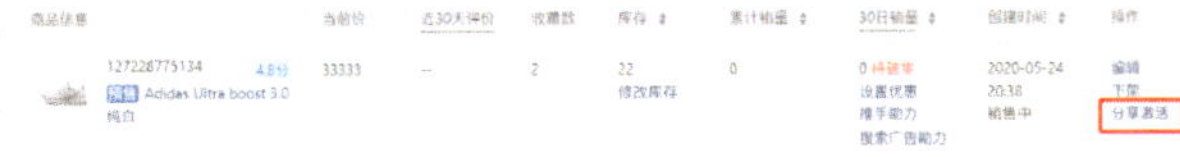

点开之后，我们可以将商品的链接、二维码或海报分享出去，让更多人知道你在拼多多上开店，积累第一波人气。

“拼多多商家”小程序

什么是“拼多多商家”小程序?

“拼多多商家”小程序在微信环境下，无须打开商家后台，微信一键搜索就可以进入。

商家小程序可以让你随时随地都可分享自己的商品，帮助你快速破零，玩转私域流量。此外，还有“营销活动”和“店铺分享”模块，让你可以拥有自己店铺专属的营销活动，分享给好友，让他们也能看到你的商品和活动。

小程序入口

微信搜索“拼多多商家”，点击“拼多多商家”小程序，即可进入商家小程序首页。

商家小程序玩法

店铺有在售商品不仅可以分享商品和店铺给好友，还可以创建并分享店铺专属营销活动，还可以发动亲朋好友帮忙分享，帮助你积累人气!

12.2　营销工具

营销工具设置是零门槛的，商家可以完全根据自己商品的特性自行设置，非常灵活，也可随时取消。并且设置了营销工具后，店铺/商品会拥有相应的标签，可以增加店铺与商品的权重，从而提升商品的曝光机会。

营销工具设置路径：进入APP端后台—“工具”—“营销”，或者进入电脑端后台—“店铺营销”—“营销工具”。在此，我们为新手商家重点推荐限量促销、短信营销、优惠券与拼单返现这四个营销工具。

1. 限量促销

（1）什么是限量促销？

限量促销是提供给商家自行设置活动的营销工具，商家可通过创建活动，自定义活动商品的折扣和数量，进行店铺促销。例如，可以设置80件商品打7折，售完80件之后恢复原价。主要是采取饥饿营销，促使用户下单，提升转化率。入口：电脑端后台—“店铺营销”—“营销工具”—“限时限量购”—“立即创建”—“限量促销”。

（2）限量促销的优势有哪些？

通过限定货量进行商品折扣促销，可以为店铺增加流量，提升GMV；拥有独有标签，吸引更多点击。

2. 短信营销

（1）什么是短信营销？

短信营销身兼“用户关怀”与“场景营销”两大功能属性，可以帮助商家精准触达目标客户。对于拥有潜在客户通讯方式的新手而言，大可借助短信营销工具推广店铺商品。

（2）短信营销的优势：

①投入产出比高：据平台统计，短信营销的投产比均值在15，即花1元可获得15元以上的交易额。

②优惠券直达：用户点击链接即可领取优惠券。

③数据分析：掌握第一手营销效果数据，及时调整最佳经营方案。

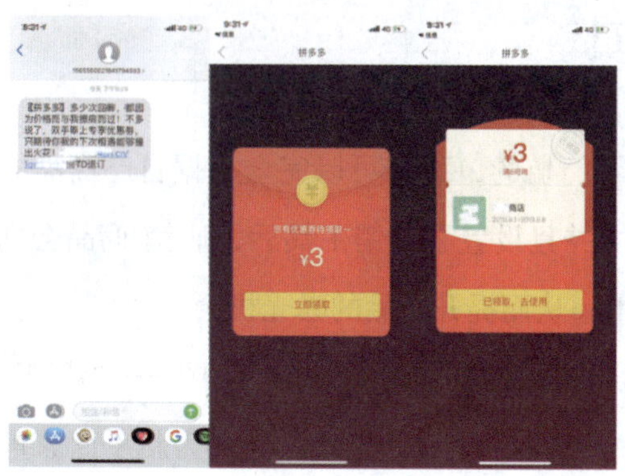

3．优惠券

拼多多平台的用户绝大多数是对价格敏感、追求性价比的用户群体，因此如果商家可以为商品设置相应的高额优惠券，便可以获得更高的店铺权重，并提高商品对用户的吸引力。拼多多平台的优惠券有很多，本节内容将重点围绕“拉新粉丝”这一重要目的为大家推荐关注店铺券、拉人关注券、商品立减券与短信直发券。

优惠券类型	关注店铺券	拉人关注券	商品立减券	短信直发券
用户获取方式	消费者关注店铺即可领取的无门槛店铺优惠券	消费者主动发起站外分享，帮助店铺拉去站外粉丝，拉去一定数量粉丝后，可获赠一张无门槛店铺券	针对单一商品使用的无门槛优惠券，只能作用于单个商品的优惠券	通过短信发送的店铺优惠券
优势	促下单转化：用户只需关注即可领券，极大地激发用户的购买欲； 提高复购率：关注店铺的用户有更大的机会看到店铺上新的商品，提升复购率； 提高店铺权重：店铺关注量越高，获取的搜索权重越大	通过优惠券激励消费者分享，帮助店铺拉取潜在站外粉丝； 获客成本低	新品破零，增加销量； 提高单品转化率，打造爆款：在质量与评价差不多的商品中，用户将优先选择设置优惠券的商品	增加弱势商品的销售额； 提高店铺客单价

4. 拼单返现

（1）什么是拼单返现?

指在一个自然日内，消费者在你的店铺累计购买满一定的金额，就可获得一张平台优惠券，而此优惠券可用于购买平台内的任何一件商品（虚拟商品、海淘商品除外）。拼单返现可以让用户为了获得优惠券，从而多次购买商品来达到满返门槛，进而提高客单价。

（2）拼单返现有什么好处?

①流量加成，参加了拼单返现的商品，搜索结果展示会更靠前。

②提高点击率，在消费者端拥有专属标签展示，吸引获取更多消费者点击。

③提升客单价，可获赠平台优惠券，对消费者的诱惑力更强，促使消费者下更多单来达到满返门槛。

④拉动GMV，当店铺商品需要消费者下多笔订单时，满返比满减更能起到拉动二次下单的作用。经数据反馈，使用过拼单返现的店铺，成交额平均会提升15%左右。

12.3　付费推广

付费推广即花钱购买流量，推广店铺商品。其优势在于可帮助商家覆盖更为广泛的市场群体，增加商品的曝光率，帮助商家快速积累基础销量。

目前拼多多营销推广部门共推出了四种付费推广模式，分别为：CPS 模式下的多多进宝，CPC 模式下的商品推广，CPM 模式下的明星店铺与CPT模式下的展示广告。

最后两类明星店铺与展示广告由于付费成本高，且其营销推广的目的并不在于如何破零，而是如何从10做到100。因而本节不会展开过多的阐述。对于广大新手商家而言，我们重点建议大家掌握多多进宝、商品推广。具体推广操作可参见第8章。

付费推广名词解释

CPS（Cost per sale）：按成交付费

CPC（Cost per click）：按点击付费

CPT（Cost per time）：按时付费

CPM（Cost per mile）：按千次展现付费

如何激励推手推广商品

前期破零期间，可以设置高佣金、高优惠券吸引推手分享和消费者购买。建议佣金比例设置在商品价格的30%—50%进行起量。

通过设置专属推广计划的形式，在控制营销成本的同时，可以独家推广为噱头，建立与优质推手的合作关系。

与招商团长沟通，通过招商团长将商品直接下发给推手资源，激励推手推广，实现推广流量层级裂变。

新手在选择推广方式时需考虑的因素

商品推广的是适合新手商家在发展初期快速破零的推广工具。多多进宝的优势在于覆盖人群广（站外流量），后台设置的难度较低，前期按成交结果付费，投入的成本较低。商家可结合自身情况和预算，选择更适合自己的推广方式。

第 13 章

私域流量新玩法，助力业绩飙升的秘诀

13.1 什么是私域流量

私域流量是指企业或个人自主拥有的、免费的、可以自由控制并多次利用的流量，主要来自于从公域（如互联网）和其他平台（如媒体、合作伙伴等）引流到自己的私域（如官网、客户名单、微信公众号、微信个人号、自己的APP等），以及私域本身产生的流量（如访客）。私域流量是可以进行二次以上链接、触达、发售等市场营销活动的客户数据，属于企业私有的经营数字化资产。通过私域流量，企业或个人可以更好地推广自己的产品，吸引并维护老客户，实现更高效的营销。

在拼多多商家后台—数据中心—粉丝数据，即可查看店铺粉丝的相关数据，如粉丝总数、本周新增粉丝数、上周新增粉丝数、粉丝订单量、粉丝支付金额等。

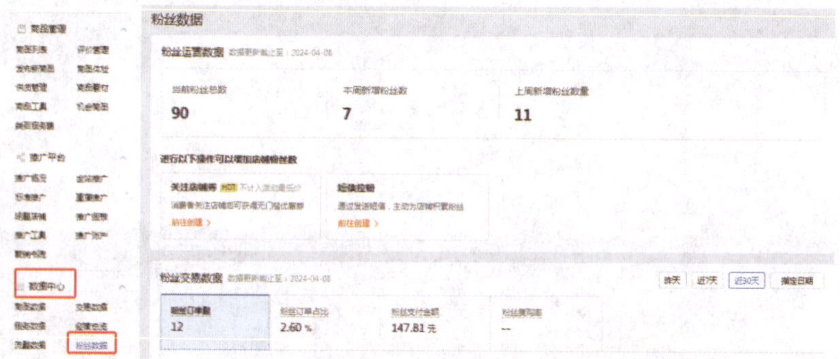

拼多多不允许把平台的客户导流到第三方平台，那么在拼多多内部，如何搭建自己店铺的私域流量，提高粉丝黏性，激发老客户回购？这章将为大家详细讲解。

13.2 店铺私域流量如何获取

店铺私域流量如何获取，这涉及两个方面，一是增加粉丝数，二是提升粉丝流量。粉丝增加了，粉丝通过店铺营销活动进入店铺，店铺私域流量随之增加，这个流量是免费并且精准的。优质的服务和优质的产品会让粉丝产生持续的复购，提升店铺利润。

增加粉丝数的方法

设置店铺关注券

店铺关注券是消费者关注店铺即可获得的优惠券。设置店铺优惠券可以促使买家主动关注店铺，成为店铺粉丝。

店铺优惠券的设置：在商家后台“店铺营销”一栏，点击营销工具—优惠券—店铺关注券，点击“立即创建”。

设置使用范围，可以是全店商品使用，也可以选择指定商品使用。可自定义优惠券名称、领取时间、使用时间、券面额、发行张数。设置好后点击“创建”，即可创建完成。

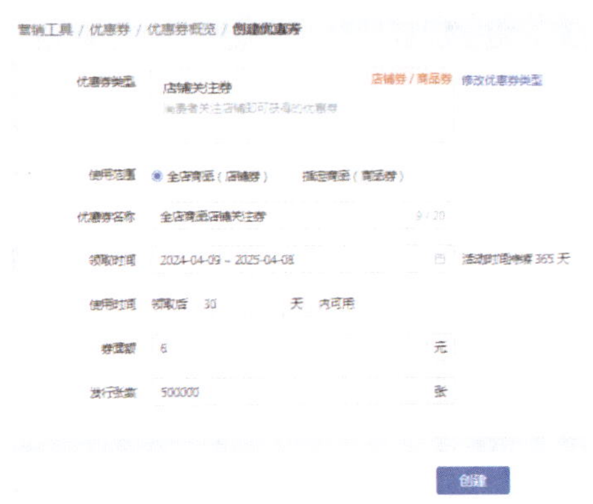

短信营销拉粉

短信营销就是以简短的文字信息将产品、服务等信息准确传递给目标客户，以达到精准营销的目的，是营销推广中必不可少的有效渠道。

短信营销的优势

1．投产比高：平台短信单条金额在0.035元及以下，远低于其他推广渠道价格，平均投入产出比15以上，即花1元投放短信平均可获得15元以上的交易额。

2．精准营销：不仅提供多种热门场景如拉新、复购、促下单等，还有多项人群标签如性别、地区等可自定义选择，并结合商品特性和运营节奏进行精准投放。

3．优惠券直达：优惠券可直接专属推送，用户点击链接即领。

4．灵活性高：短信群发根据行业类目不同，可以选择相应的通道资源，发送时间可控，触达的用户群体可控。

要把短信发给谁

短信营销工具提供三种选择人群的方式。

1．系统的推荐人群。系统根据商家的营销目的分出了48种使用场景（会根据实际情况变更），在每一种场景下系统会根据大数据圈定人群。也就是说选择了其中的场景，即圈定了某类人群。

圈定入口：短信营销—人群管理—推荐人群。

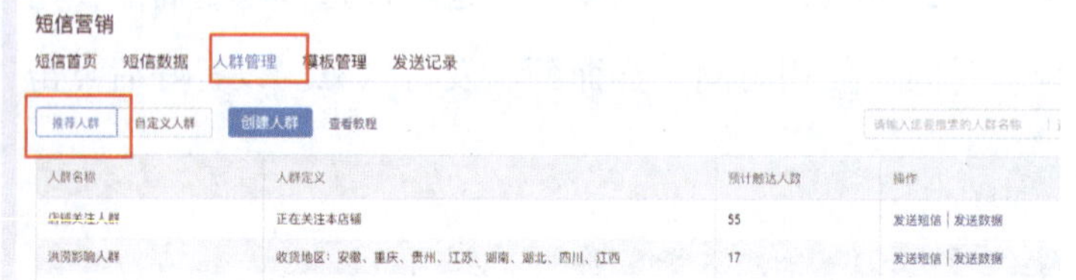

2．自定义人群。系统根据商家与类目商品基本属性和交易行为给出了一些圈定用户的条件，商家可根据自己的使用需要去配置。

圈定入口：短信营销—人群管理—创建人群—选择配置条件。

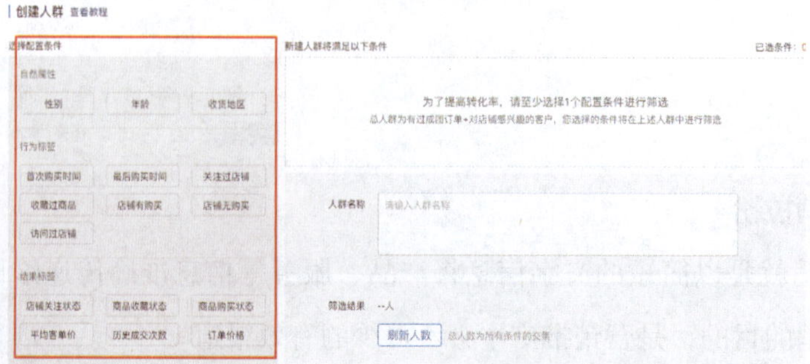

3．广告DMP人群（部分商家可用）。DMP圈定的人群，同步到短信，商家可直接使用人群条件。

圈定入口：短信营销—人群管理—广告DMP人群。

提升粉丝流量的方法

店铺粉丝数量增加了，但如何让这些粉丝回到店铺产生购买，可以使用如下三种方法，精准触达粉丝，让其产生回流。

上新产品—限时限量—开通直播/发布商品视频

当用户关注了你的店铺，在其关注页面会出现店铺相关活动的信息，展示效果如下图：

上新产品：

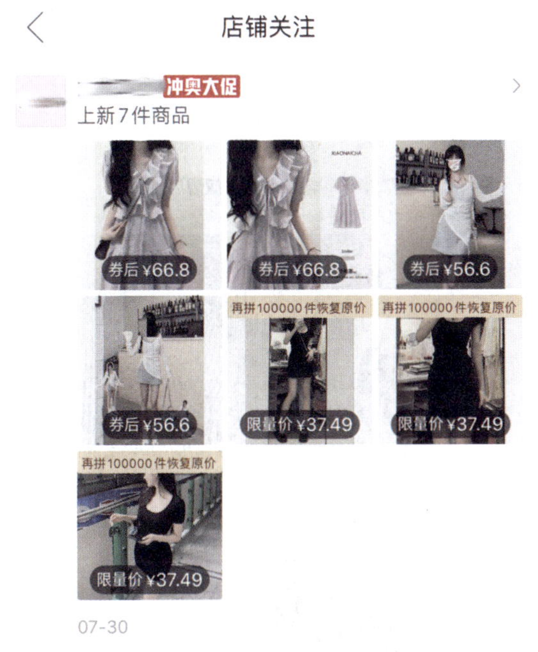

限时限量：

店铺关注
¥21.9
07-29
旗舰店 品牌 冲奥大促
1件商品入选限时秒杀活动
鸭肉绕蛋黄
秒杀 宠物零食鸭肉绕冻干蛋黄卷肉幼犬磨牙棒中
1%
¥4.9
07-31
旗舰店 品牌 冲奥大促
2件商品入选限时秒杀活动
口臭牙黄
来根磨牙棒
秒杀 宠物零食狗狗羊奶磨牙棒洁齿泰迪幼犬小狗
8%
券后¥1.9
肉奶搭配
营养双倍
鸭肉+全脂羊乳配方
秒杀 狗狗零食羊奶棒鸭肉绕钙奶骨小狗幼犬泰迪
11%
顶部
¥3.66
07-29

开通直播/发布商品视频：

店铺关注
潮服装官方旗舰店 官方
发布了3条视频
纯色高腰百搭
¥9.9
条纹裤子女夏季
¥12.9
独特法式polo领
¥9.9
07-30

13.3　如何经营私域流量

拼多多可以通过拼小圈功能经营私域流量。

拼小圈及拼小圈店铺动态是什么

1. 什么是拼小圈？

拼小圈是拼多多的社交功能，用户和用户的好友可以在拼小圈互相分享买过的好物，互相点赞和评论。拼小圈频道拥有亿级流量，在拼多多首页的上方拥有固定入口。

2. 什么是拼小圈店铺动态？

店铺动态是拼小圈推出的一个全新功能，为商家提供了一个触达店铺粉丝的渠道，商家发布的动态将通过拼小圈展示给店铺粉丝。

发布店铺动态，就像在店铺门口张贴告示，路过的粉丝都能看到，吸引更多的人进入店铺。

如何发布拼小圈店铺动态

1. 发布入口

拼多多商家版APP—全部应用—营销分类—拼小圈。

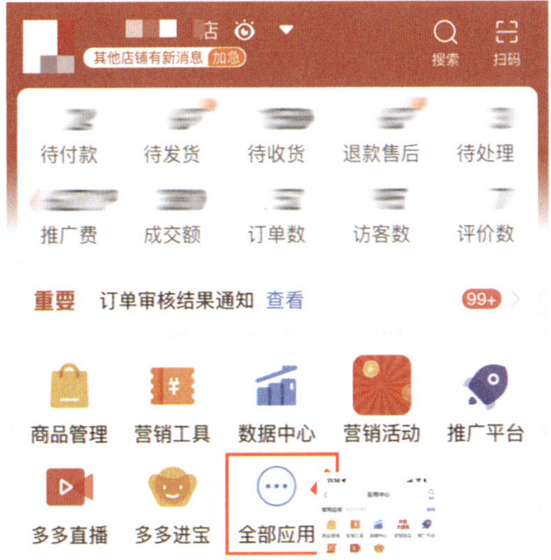

2．内容形式

拼小圈支持商家发布3种内容形式的动态，分别是普通的图文/视频动态、抽奖动态、红包动态。下面是相关动态说明：

（1）普通动态

①目前没有发布次数限制；

②普通动态支持发布图片或者视频，图片最多6张，视频最多1条；

③发布动态后需要经过平台审核。

（2）抽奖动态

①目前没有发布次数限制；

②选择的抽奖商品必须是店铺内的商品，且不能是售罄和下架商品；

③抽奖周期为3天；

④商家可以设置中奖份数，最少1份，最多100份；

⑤奖品默认每个中奖者1份；

⑥用户参与抽奖时需要转发该条动态，所以商家发布抽奖能够产生社交裂变，触达更多非店铺粉丝。

（3）红包动态

①红包动态没有发布次数限制；

②红包有效期为7天，如果7天后红包仍有金额未被领取，将退回到商家的活动账户；

③红包动态的点击率是三种动态中最高的，所以当动态的浏览人数相同时，红包动态吸引粉丝进店的比例最高。

如何提升粉丝触达效果

1．发布高质量的动态。动态的内容质量越高，用户的点击率越高，引导成交金额越大。

（1）发布高质量的图片，图片使用实拍图，不要使用商详图等含有大量文字的图片。

（2）发布用户爱看的内容，主要有以下几类：

①店铺的优惠活动，比如优惠券信息、限时降价信息，参加大促等；

②买家秀；

③商品的使用场景介绍；

④商品背后的生产和制作过程；

2. 保持较高的发布频次。

经常发布内容，能够有效增强粉丝对于店铺的认知，建议一周发布至少5条内容。

13.4　拼多多私域玩法

拼多多私域流量的新玩法众多，商家们可以根据自身店铺的特点和目标受众来选择合适的策略。以下是一些建议的新玩法：

邀请有礼：通过设定奖励机制，鼓励老用户邀请新用户注册和使用拼多多。这种策略可以有效扩大用户规模，同时增强用户间的社交互动。

0元领奖品：商家可以设定限时活动，让用户有机会以0元的价格领取奖品。这种活动能够激发用户的参与热情，提升品牌曝光度。

拼团裂变：设定一定的成团人数条件，以优惠价格吸引用户发起拼团。通过合理的拼团规则和优惠策略，实现用户裂变和销售增长。

商品砍价：采用砍价活动，用户可以通过邀请好友或完成其他任务来降低商品价格。这种活动形式不仅能提升用户参与度和忠诚度，还能有效促进商品的销售。

分销裂变：设定商品的推广分成比例，激励用户自发地推广产品。通过现金奖励等方式，实现裂变传播，扩大品牌影响力。

集卡式营销：用户可以通过邀请新用户或完成其他任务获得卡片，集齐一套卡片即可兑换奖品。这种玩法结合了社交和收集的乐趣，有助于提升用户活跃度和黏性。

建立用户社群：通过微信群、拼小圈等渠道将用户聚集在一起，形成社群效应。在社群内发布优惠信息、开展互动活动，增强用户的归属感和忠诚度。

精准推送：根据用户的购物习惯和喜好，精准推送个性化的商品推荐和优惠信息。这有助于提高用户的购买意愿和转化率。

私域流量的好处在于，商家可以自由地与用户互动，如发送消息、推广新产品等，而且不需要每次都支付广告费。同时，这些用户也更可能对你的品牌产生信任感和忠诚度，因为他们已经与你建立了某种联系。私域流量就是你自己能掌控的、可以免费多次利用的用户资源，对于提升营销效果和客户关系管理都非常有帮助。

第 14 章

八大红线不能碰，罚款规则要牢记

商家在经营店铺时，需注意不能违反平台规则，否则将面临罚款、店铺降权甚至关店。以下是拼多多八大红线规则，商家需仔细研读，避免损失。

14.1 拼多多商品描述及质量抽检规则

1. 定义

1.1 商品描述，是指商家在店铺页面、商品详情页面、推广页面、客服聊天工具、直播等任何向消费者展示的场景中，以文字、图片、音频、视频、口述等形式，对所销售商品本身［基本属性、价格、产地、生产者、用途、性能、规格、等级、主要成分、生产日期、保质期、有效期限、检验合格证明（如有）、使用方法说明书（如有）、数量、瑕疵等］、品牌、外包装、发货情况、交易附带物、售后服务等信息所做的明示或暗示的描述。

1.2 商品的基本属性，是指商品的特性、功能，包括但不限于面料、材质、成色、做工、尺寸、型号、重量、标准等要素。

1.3 质量标准，是指商品需符合的标准和要求，包括但不限于：

（1）国家标准（含强制性标准和推荐性标准）、行业标准、地方标准、团体标准和企业标准；

（2）商品描述中明示或根据商品描述可以推定的使用性能、质量状况；

（3）法律、法规规定的其他要求。

1.4 描述不符或抽检不合格，是指商家实际发货的商品不符合商品描述或质量要求，包括但不限于：

（1）不符合质量标准；

（2）存在商品描述未披露的瑕疵；

（3）商品描述存在错误、遗漏或误导性陈述；

（4）其他与商品描述存在差异的情形。

2. 商家义务

2.1　如实描述。商家应当做出真实、完整、全面的商品描述，不得做虚假或引人误解的描述，不得伪造或者冒用他人认证标志、质量标志、名优标志等。

2.2　按实发货。商家应当确保其实际发货的商品与商品描述一致。

2.3　符合要求。商家销售的商品应当符合下列要求：

（1）符合强制性国家标准、法律法规强制性规定，且商家不得通过商品描述排除对强制性标准、法律法规强制性规定的适用；

（2）符合拼多多发布的企业标准；

（3）没有强制性国家标准且没有拼多多发布的企业标准的，商品应当符合相关推荐性国家标准、行业标准、地方标准、团体标准或者其他企业标准；

（4）没有相应质量标准但是可能危及消费者人身、财产安全的商品，应当符合保障消费者人身、财产安全的要求；

（5）具备商品的使用性能、质量状况，但是对瑕疵做出说明的除外。

3. 认定标准

3.1　分类原则。平台按照不同的商品种类，根据商品描述不符或抽检不合格的程度，对违规情形进行分类。

3.2　分类标准。描述不符或抽检不合格分为A类、B类、C类、D类。

3.2.1　存在下列情形之一的，认定为A类：

（1）《拼多多抽检标准及实施细则》（以下简称“抽检标准”）规定为A类；

（2）经与商品描述比对，存在严重影响消费者正常使用或严重影响消费者购买决策的差异；

（3）违反法律、法规强制性规定；

（4）与相关质量标准严重不符的其他情形。

3.2.2　存在下列情形之一的，认定为B类：

（1）抽检标准规定为B类；

（2）经与商品描述比对，存在较大差异，会影响消费者正常使用或影响消费者购买决策；

（3）与相关质量标准不符且商品功能存在明显瑕疵。

3.2.3 存在下列情形之一的，认定为C类：

（1）抽检标准规定为C类；

（2）经与商品描述比对，存在一定差异，会对消费者正常使用商品或接受服务造成影响的；

（3）商家报名平台活动（包括但不限于百亿补贴、断码清仓等）时，商品存在标识标志不合格的；

（4）与相关质量标准不符但情节较轻。

3.2.4 存在下列情形之一的，认定为D类：

（1）抽检标准规定为D类；

（2）经与商品描述对比，存在微小差异，不影响消费者正常使用且不影响消费者购买决策。

4. 商品比对和检测

4.1 样本。拼多多平台有权通过下列途径之一获取商家所售商品实物及/或商品信息，作为样本（包括但不限于原样、备样、商品图片、消费者评价等信息）：

（1）平台自行或者委托他人自商家店铺购买的商品；

（2）商家自行向平台提供的商品；

（3）消费者向平台提供的其自商家店铺购买的商品实物、图片、评价等信息；

（4）其他途径获取的商家店铺售出的商品实物及/或商品信息。

4.2 平台比对或检测。拼多多平台有权单方将获取的样本与商品表述或相关质量标准进行比对，或将样本送交检验检测机构进行检验检测。

5. 违规认定及处理规则

5.1 违规认定

商品出现下列情形之一的，拼多多平台有权认定商家存在描述不符或抽检不合格情形：

（1）平台以普通或非专业人员的知识水平对样本与商品描述或相关质量标准进行比对，发现样本存在1.4条所述情形；

（2）平台将样本送交检验检测机构进行检验检测，发现样本存在1.4条所述情形；

（3）平台通过其他途径获得商品信息或线索，发现商家店铺存在1.4条所述情形。

5.2　违规处理措施

5.2.1　除非另有规定，平台在认定商家存在描述不符或抽检不合格情形的，有权在任何时间采取下列一项或多项措施：

（1）部分或全部商品降权、屏蔽、下架、禁售、删除；

（2）部分或全部商品移除资源位、禁止上资源位、移除广告；

（3）店铺禁止上新、禁止上架；

（4）关闭或限制店铺权限、店铺功能；

（5）限制退店；

（6）提高店铺保证金标准、限制店铺资金（包括货款、店铺保证金、活动保证金等，下同）提现；

（7）对已成交的违规商品订单操作关闭交易并退款；

（8）扣除保证金；

（9）其他平台认为必要的处理措施。

5.2.2　平台认定商家描述不符或抽检不合格的类别后，有权要求商家在指定期限内进行整改，除5.2.1条约定的处理措施外，平台有权进一步采取下列一项或多项违规处理措施：

（1）解除协议、终止合作；

（2）扣除店铺资金作为消费者赔付金或违规商家应承担的其他款项，并有权就不足部分进一步向商家追偿，消费者赔付金的计算标准如下表：

累计次数（n）	C类	B类	A类	备注
1次	赔付30日订单，赔付标准为订单商品数量*商品单价*30%	赔付30日订单，赔付标准为订单商品数量*商品单价*100%	赔付90日订单，赔付标准为订单商品数量*商品单价*300%	30/60/90/180/270日订单：抽检不合格商品ID在抽检订单成团日所在周周日（含）以前30/60/90/180/270日内的所有订单或店铺收到严重违规处理通知之日所在周周日（含）以前30/60/90/180/270日内的所有订单（二者以较早时间为准）
2次	赔付60日订单，赔付标准为订单商品数量*商品单价*30%	赔付60日订单，赔付标准为订单商品数量*商品单价*100%	赔付180日订单，赔付标准为订单商品数量*商品单价*300%	
3次及以上	赔付（30*n）日订单，赔付标准为订单商品数量*商品单价*30%	赔付90日订单，赔付标准为订单商品数量*商品单价*100%	赔付270日订单，赔付标准为订单商品数量*商品单价*300%	

（3）平台认为必要的其他措施。

5.2.3　若根据5.2.2条和抽检标准确定的赔付期间内订单已经因抽检不合格得到足额赔付的，则不重复赔付。

5.3　违规申诉及举证

（1）平台有权根据商家违规情况决定是否启动申诉程序，如启动商家申诉程序，商家应在拼多多平台发出违规通知当日后的7个工作日内发起申诉并进行第一次举证，提交平台认可的情况说明或其他有效证明文件。若商家申请复检，则平台审查复检申请以及商家支付复检保证金的时间均不计入前述7个工作日申诉期限；

（2）平台收到商家提交的申诉材料后将进行审查，并将审查结果通过后台申诉页面提示、站内信等方式告知商家；

（3）平台经审查认为商家第一次举证不充分的，应向商家发出通知，商家可以在平台发出通知后的3个工作日内进行第二次举证；

（4）经商家举证，平台审查后认为商家所提交的证据能够证明其实际发货的全部或部分订单与描述相符或者符合相关质量标准（即全部或部分申诉成功）的，将在确认上述事实后视情况逐步解除对店铺的全部或部分处理措施，但平台确认申诉成功以前已经采取的处理措施不撤销、不回溯。

5.4　复检

5.4.1　对于平台按照4.2条送检并经检验检测为不合格的质检项目，商家可以在拼多多平台发出违规通知后的7个工作日内申请复检，但应同时提交足以质疑原检验检测结果的材料，例如，同批次、同类别产品的质检合格证明。

5.4.2　平台有权基于5.4.7条规定自主决定是否启动复检程序。为免歧义，复检程序不影响平台继续对商家执行已采取的各项限制措施。

5.4.3　平台决定不启动复检程序的，将通知商家。平台决定启动复检程序的将通知商家支付复检保证金的方式和期限。商家应在平台要求的期限内按平台要求的方式向平台足额支付复检保证金。商家逾期未足额付款的，平台有权终止复检程序。

5.4.4　复检优先在原检验检测样本（简称“原样”）上进行；复检无法在原样上进行的，则采用平台认可的备用样本（简称“备样”）进行复检。

5.4.5　复检结束后，平台将通知商家复检结果，复检结果为合格的，则以复检结果为准；复检结果为不合格的，则以原检验检测结果为准。

5.4.6　若复检结果合格，复检费用由平台承担，平台将复检保证金全额退还商家；若复检结果不合格，复检费用由商家承担，平台将按照复检机构实收金额从商家支付的复检保证金中扣除，如有结余退还商家，复检保证金不足的，商家应当在收到复检结果后5个工作日内补足。平台有权自商家店铺资金中扣收相应款项。

5.4.7　不予复检的情形包括但不限于：

（1）商家超过规定期限申请复检的；

（2）商家未提交足以质疑原检验检测结果的材料；

（3）复检无法在原样上进行，且无备样或者备样与原样存在明显差异的；

（4）商家申请复检时，样本于正常贮存条件下已失效的；

（5）其他根据相关法律法规或质量标准不适宜进行复检的情形，例如，甲醛、微生物等项目不适宜复检。

5.4.8　拼多多平台认定商家存在抽检不合格情形后，发生以下情形之一的，平台将依据第3条的规定认定抽检不合格的类别：

（1）商家在接到平台违规通知后，在指定期限内未发起违规申诉或者未进行有效举证的；

（2）商家在接到平台违规通知后，经两次举证仍不能就抽检不合格情形做出合理解释及举证的；

（3）抽检样本经检验检测机构检验检测（包括复检），确认存在本规则所规定的抽检不合格情形的。

5.5　禁售商品恢复上架申诉

5.5.1　商品因抽检不合格被长期禁售的，平台执行完毕其他违规处理措施且不合格项目整改完毕后，商家可针对禁售商品发起恢复上架申诉，提交平台认可的新批次商品检测报告等证明文件。检测报告应当满足下列要求：

（1）检测机构应当具备相应的合法检测资质；

（2）检测样品应当包含平台抽检并因不合格被禁售的款式与型号；

（3）送检日期应当晚于商家收到平台就该商品抽检不合格发送的违规通知之日；

（4）检测报告中应包含所有平台抽检不合格项目的检测说明；

（5）报告中需包含样品的实物图片。

5.5.2　平台收到商家提交的证明文件后将进行审查，并将审查结果通过后台申诉页面提示等方式告知商家。

5.5.3　经商家举证，平台审查通过后将视情况解除相应商品的禁售措施。

5.5.4　平台解除禁售措施的，商家应当在后续经营过程中履行如实描述、按实发货、符合要求等义务，并自行承担全部责任，平台也有权随时依据本规则进行抽检并对商家的违规情形做出处理。

5.6　暂缓赔付

抽检不合格处理过程中，若商家与平台之间发生诉讼、仲裁或者其他纠纷，平台有权暂缓对消费者做出赔付。若前述纠纷在平台限制商家店铺账户资金提现之日起满9个月仍未能解决，则平台有权恢复本规则第5条规定的处理流程，对消费者做出赔付，商家账户内保证金及/或货款余额不足以赔付的，平台有权以自有资金通过发放无门槛优惠券的形式予以赔付，并向商家追偿该等不足部分。平台有权视情况延长上述暂缓赔付的期限。

5.7　抽检样本处理

对于易燃、易爆、危险品、易腐、易蛀、易变质或其他不宜保存的抽检样本，以及因检验检测方法或技术等原因，在检验检测过程中灭失、损坏或失效的样本，平台或检验检测机构有权及时予以销毁。对于其他抽检样本，平台有权视样本情况决定保存期限。

14.2　拼多多滥发信息处理规则

1. 总则

1.1　为了规范商家在平台发布商品和信息的行为，保障消费者的合法权益，营造良好的市场环境，特制定本规则。

1.2　滥发信息，是指商家未按平台协议、平台规则及其他平台要求（包括但不限于公告、站内信通知、系统提示等）（以下合称“平台要求”）发布商品或信息，包括但不限于以下情形：

1.2.1　发布违规广告信息；

1.2.2　信息与实际不符；

1.2.3　信息重复；

1.2.4　商品要素不一致；

1.2.5　发布规避信息；

1.2.6　发布混淆信息；

1.2.7　冒用拼多多官方名义；

1.2.8　其他商品或信息发布不规范的情形。

2. 发布违规广告信息

2.1　发布违规广告信息包括但不限于下列情形：

2.1.1　将心情故事、店铺介绍、仅供欣赏、测试等非实际销售的商品或信息，作为独立的商品发布。

2.1.2 发布批发、代理、招商、回收、置换、求购类商品或信息。

2.1.3 发布非拼多多官方渠道的任何第三方（包括但不限于社交、导购、团购、促销、购物平台等第三方网站或客户端）的商品、活动及/或其他相关信息，例如社交、导购、促销、购物平台等第三方网站的名称、LOGO、二维码、超链接、联系账号、活动信息等信息。

2.1.4 发布其他不以成交为目的的商品或信息。

3. 信息与实际不符

3.1 信息与实际不符，是指商家在商品或店铺页面发布的商品或店铺信息与实际不符。

3.2 信息与实际不符包括但不限于下列情形：

3.2.1 发布虚假或引人误解的信息，及/或对商品做夸大、虚假描述或宣传。例如：a）使用“国家级”“最高级”“最佳”等用语的夸大描述；b）对商品的质量、用途、使用效果等进行虚假或引人误解的宣传；c）通过使用前后对比的夸张效果图片进行虚假宣传。

3.2.2 在商品标题、图片、详情等区域出现的商品信息（如吊牌、水洗标、中文标签等）、店铺基础信息或官方资质信息等与实际不符。例如：a）店铺实际名称为“灿**阳”，但是商品标题写“高**官方旗舰店”（实际未获得对应品牌授权）；b）商品未参加活动，但在商品标题中标注了活动的关键词，如“春节不打烊”；c）未经拼多多书面许可，擅自在商品标题、图片、属性或详情描述中使用或变相使用各类官方认证、活动、服务的标识、标签或字样等。

3.2.3 使用含有举牌、举身份证、军人、国家机关工作人员或老中医形象的商品图片进行虚假宣传。

4. 信息重复

4.1 信息重复是指商家发布的商品信息存在重复。

4.2 信息重复包括但不限于以下情形：

4.2.1　重复铺货，即同一店铺发布两个及以上商品链接中的商品属同款商品。

4.2.2　重复铺货式开店，即商家开设两家及以上店铺且出售相同的商品。

4.3　将被判定为重复铺货的情形包括但不限于：

4.3.1　同款商品不同颜色分别发布（男装、女装、运动服、箱包、鞋类、内衣裤袜、服饰配件类目除外）；男装、女装、运动服、箱包、鞋类、内衣裤袜、服饰配件类目中，如果在不同商品链接中发布同款商品时包含了同一规格的同一颜色的商品，则属于重复铺货。

4.3.2　同款商品不同规格分别发布（服饰配件、箱包类目除外）。

4.3.3　通用型商品按照不同适用型号（如不同车型、不同机型等）分别发布。

4.3.4　同款商品附带不同赠品或附带品分别发布。

4.3.5　同款商品使用不同主图（包括但不限于角度等不同）等形式分别发布。

5. 商品要素不一致

5.1　商品要素不一致是指商家在商品描述等页面（如商品标题、图片、价格、属性、详情描述等）发布的商品信息存在品类（类目）、品牌、商品类型、型号、价格等商品信息要素之间互相不一致不匹配的情况。

5.2　商品要素不一致包括但不限于以下情形：

5.2.1　品类不一致，例如：标题中出现多个品类的关键词；标题或内容与所选商品分类不一致，例如：应当发布在“居家日用—防护用品—橡胶手套”的商品发布至“美容护肤—美体—精油”类目。

5.2.2　商品类型不一致，例如：非进口商品以进口商品类型发布。

5.2.3　属性不一致，即品牌、材质、款式、型号、功效等属性信息在标题、图片、属性或者详情中的描述存在相互不一致情况，例如：a）堆砌品牌词，标题中出现多个品牌的关键词（如为各品牌通用类商品，须在标题注明“适用”/“通用”/“代用”等字样，未标注的构成属性不一致）；b）标题描述的品牌与商品图片显示的品牌不一致；c）发布无品牌的商品，但在标题、图片、属性或者详情描述中说明“××品牌同款”“××品牌香型”“××品牌同味”或其他与品牌无关或不实的信息；d）二手商品未发布在指定分类下，或者未正确填写二手属性。

5.2.4　价格不一致，如商品的标题、图片或者详情页面中描述的商品价格与设置的商品价格不一致。

5.2.5　SKU中的价格、规格等信息与商品的标题、详情或图片中的信息不一致。

6. 发布规避信息

6.1　发布规避信息是指商家通过各种方式规避平台要求发布商品或信息。

6.2　发布规避信息包括但不限于下列情形：

6.2.1　利用低价SKU引流，即滥用SKU设置，规避平台商品发布的相关要求（包括但不限于《拼多多商品及信息发布通则》），在同一商品链接中放置低价SKU引流的行为。例如：

（1）不同品类或品牌的商品放置在一个商品链接中售卖；

（2）不同材质、规格等属性对应价格不同的商品放置在一个商品链接中售卖；

（3）将价格差距较大的常规商品和商品配件放置在一个商品链接中售卖；

（4）将不存在的SKU（指这个SKU的商品实际并不存在，如价格为0.1元标示“拍错不发货”的SKU）与常规的SKU放在同一个商品链接中售卖；

（5）将常规商品和非常规商品（如二手、样机、模型、瑕疵品、一只鞋等）放在一个商品链接中售卖。

6.2.2　发布价格明显高于同一时间段平台内或者其他渠道的同款商品价格的商品，或发布价格严重偏离实际的商品价格（即从商品的信息层面判断，商家发布的商品价格与该商品的实际价格严重不符）。

6.2.3　以非常规的数量单位发布商品。

6.2.4　通过编辑商品类目、品牌、型号等关键属性使其成为另一款商品。

6.2.5　发布货到付款商品，即以“货到付款”“到付”等字样进行描述，不直接收取货款，商品送达消费者后，由快递公司代为收取或者商家私下收取货款的商品。

6.2.6　发布预售商品或定金商品，即以“押金”“订金”“定金”“预付款”等字样进行描述，未明确约定具体支付、返还条件，需要消费者预先支付部分款项的商品。

6.2.7　违规设置邮费到付、起售条件、非偏远地区包邮门槛的商品。

6.2.8　发布补差价商品，即以“补差价”字样进行描述，非实物、无法提供物流等信息的商品。

6.2.9　发布抽奖商品，即以“随机抽取”“抽奖”“随机发”“福袋”等字样进行描述，具备博彩性质的商品。

6.2.10　发布诱导好评信息，即以“好评返现”“返红包”等字样进行描述，诱导消费者确认收货并做出好评的商品。

6.2.11　发布异常优惠券信息，即从商品/店铺的信息层面判断，发布的优惠券与该店铺的经营现状严重不符的。

6.2.12　在商品标题、图片、属性或详情描述中使用非中文字符，包括但不限于外文文字、特殊符号等，并且经平台判定为不合理使用。

7. 发布混淆信息

7.1　发布混淆信息，是指商家发布的商品或信息可能造成消费者混淆、误导消费者。

7.2　发布混淆信息包括但不限于下列情形：

7.2.1　标题、图片、属性或详情描述中使用他人已注册商标或他人享有知识产权的标识标志、作品等的变形，例如在他人品牌名基础上增删文字、符号，或以繁体字形式使用他人品牌名等。

7.2.2　标题、图片或详情描述中添加与所售商品不符的信息，例如实际销售电视机遥控器、手机充电器，但商品图片突出显示电视机、手机等。

8. 冒用拼多多官方名义

8.1　冒用拼多多官方名义，是指商家未经拼多多书面授权，在发布的商品或信息中使用拼多多名义（包括但不限于拼多多、多多买菜、多多国际、多多钱包）进行宣传，及/或其他可能造成用户混淆、误解的宣传。

8.2　冒用拼多多官方名义包括但不限于以下情形：

8.2.1　未经拼多多书面授权使用拼多多品牌。

8.2.2　未经拼多多书面授权使用与拼多多名义相关或近似的域名、商标、标识、名称或字号、对外宣传用语等，可能造成用户混淆。

8.2.3　以会造成用户误认为其行为获得了拼多多官方授权、认证或担保的方式进行宣传。例如，在标题、图片、属性或详情描述中使用“拼多多官方认证”“拼多多内部优惠券”“拼多多战略合作”等字样，或对外进行此类宣传。

9. 其他商品或信息发布不规范情形

9.1　商品规格型号不明，是指商家发布特定分类的商品，例如手机、平板电脑、电视机时，未注明规格或型号。

9.2　在商品图片中添加播放键、快进键、角标等诱导消费者点击的图标。

9.3　在商品图片中使用可能引起他人不适的文字或图片。

9.4　品牌旗舰店或专卖店发布授权品牌商品以外的其他商品或信息。

10. 违规处理

10.1　商家违反本规则之规定，滥发商品或信息的，平台有权要求商家在指定期限内进行整改。此外，平台有权视情况采取下列一项或者多项处理措施：

10.1.1　对部分或全部商品或信息采取降权、屏蔽、删除、修改（包括但不限于商品类目变更、信息修改）、下架、禁售等措施；

10.1.2　对已成交的违规商品订单操作关闭交易并退款；

10.1.3　部分或全部商品移除资源位、禁止上资源位、移除广告；

10.1.4　店铺禁止上新、禁止上架、店铺降级；

10.1.5　关闭或限制店铺/账户权限、功能；

10.1.6　提高店铺保证金标准、限制店铺资金（包括但不限于店铺保证金、活动保证金、货款等，下同）提现；

10.1.7　扣除店铺资金用于对因商家违反本规则而受到损害的消费者和/或其他第三方和/或平台进行赔付；

10.1.8　扣除保证金；

10.1.9　解除协议、终止与商家的合作；

10.1.10　平台认为有必要的其他处理措施。

14.3　拼多多商家虚假信息处理规则

1. 总则

1.1　为了保证商家信息的真实性，保护消费者（以下或简称“买家”“用户”）的合法权益，维护平台正常经营秩序，特制定本规则。

1.2　本规则是对平台协议以及平台其他规则的有效补充，商家应同时遵守平台协议、平台其他规则以及本规则。本规则规定与平台协议或平台其他规则内容冲突的，适用本规则；本规则未涉事宜，适用平台协议或平台其他规则。

2. 商家虚假信息的认定

2.1　商家虚假信息是指商家以伪造、变造、盗用及/或其他形式向平台、消费者或其他第三方提供虚假、过期、失效或与实际不符信息的行为，包括但不限于以下人员（以下统称“利益相关方”）自行、委托他人或帮助他人实施的上述行为：

（1）店铺（包括关联店铺，下同）入驻人、管理人、紧急联系人，企业法定代表人、股东、董事、监事、管理人员、员工（以下统称“相关人员”）；

（2）相关人员的亲友；

（3）与相关人员存在利益关系（如合作/合伙/入股/咨询顾问/代理/雇佣/债权债务关系等）的人员；

（4）店铺的其他关联方。

2.2　常见商家虚假信息部分列举如下：

（1）商家提供虚假、过期、失效或与实际不符的主体资质［如企业营业资质（营业执照、商业注册或登记凭证等）、一般纳税人资格证明等］、品牌资质（如品牌授权书、品牌商标注册证等）、行业资质（如医疗器械经营备案凭证、食品经营许可证或食品经营网络备案等）、商品资质（如专利证书、CCC认证证书、检测报告等）等；

（2）商家提供虚假、过期、失效或与实际不符的进货凭证、物流凭证（如发货记录），被权利人投诉品牌资质无效等；

（3）商家提供虚假、过期、失效或与实际不符的聊天记录、交易快照等；

（4）其他误导平台、用户、其他第三方的虚假信息。

2.3　拼多多平台有权随时对商家提供的信息及数据获取/使用行为进行查阅、监测，有权根据用户反馈数据、外部反馈数据、物流数据、海量商家数据使用习惯、生活常识等因素单方认定商家是否构成虚假信息或存在其他违约违规行为。

2.4　如平台发现商家存在任何异常，拼多多有权质疑并要求商家提供合理解释，商家有义务在平台指定期限内对异常现象进行说明，若商家未在平台规定的合理时间内提供证明或做出合理解释，该信息将被认定为“虚假信息”。

3. 违规处理

3.1　若商家存在提供虚假信息的行为，拼多多有权视情况对违规商家/店铺采取包括但不限于部分或全部商品降权、屏蔽、下架、禁售、移除资源位、禁止上资源位、移除广告，店铺禁止上新、禁止上架、提高店铺保证金标准、限制店铺资金（包括货款、店铺保证金、活动保证金等，下同）提现、变更店铺名称、解除协议并终止合作等一项或多项处理措施。

同时按照下表规定对商家/店铺采取其他处理措施：

违规情况	处理措施
提供虚假信息一次	扣除店铺保证金1000元/每次
提供虚假信息两次	扣除店铺保证金1000元/每次；店铺降权为期总计3日
提供虚假信息三次及以上	扣除店铺保证金1000元/每次；店铺降权为期总计7日；同时平台有权对店铺进行商品全部下架、禁止上新、禁止上架等处理措施

3.2　若商家存在以下情形之一的，则视为“违规情节严重”，拼多多有权直接对店铺采取商品全部下架、禁止上新、禁止上架等处理措施：

（1）商家存在提供虚假、过期、失效或与实际不符的主体资质、品牌资质、行业资质的；

（2）商家提供虚假信息达三次及以上的；

（3）商家提供虚假信息导致消费者受到损失的；

（4）商家提供虚假信息导致出现大面积或重大负面舆情事件的；

（5）商家提供虚假信息导致平台受到损失的。

3.3　如因商家提供虚假信息给消费者、平台或第三方造成损失的，拼多多有权根据违规情节、违规次数等直接和/或通知相关合作方（包括但不限于第三方支付机构、合作银行等）自店铺资金中划扣相应消费者赔付金、违约金以及其他费用或款项，用于对消费者或者第三方进行赔付、赔偿平台损失或支付其他应由商家承担的款项或费用。

3.4　若商家在售后或申诉等过程中存在提供虚假信息的情况，平台有权视情况限制售后或申诉等次数，或关闭售后或申诉等入口。

3.5　商家违反本规则的同时还违反平台协议以及其他平台规则的，拼多多还有权依据相应平台协议及规则对商品或店铺进行违规处理。（如商家提供的资格要求、证明文件及信息等违反平台协议要求，拼多多有权按照平台协议之规定采取处理措施。）

3.6　商家知悉并确认，商家及其利益相关方因其违规行为向任何第三方承担的赔偿责任以及根据相关法律法规规定承担的责任，不影响拼多多依据本规则、平台协议或其他平台规则对商家采取处理措施。

3.7　商家行为构成违法犯罪的，平台还有权向相关部门举报或报案并进一步追究商家的行政或刑事责任。

14.4　拼多多商家履约风险处理规则

1. 总则

1.1　为了规范商家在拼多多平台（以下或简称“拼多多/平台”）发布商品/服务信息及后续履约行为，保障消费者的合法权益，营造良好的市场环境，特制定本规则。

1.2 本规则是对平台协议及平台规则的有效补充，本规则未涉事宜，适用平台协议或平台其他规则。

2. 商家履约风险认定

2.1 商家履约风险是指商家的商品、服务或交易方式等可能存在导致消费者权益受损的情形，包括但不限于以下人员（以下统称“商家”）自行、委托他人或帮助他人实施的上述行为：

（1）店铺（包括关联店铺，下同）入驻人、管理人、紧急联系人，企业法定代表人、股东、董事、监事、管理人员、员工（以下合称“相关人员”）；

（2）相关人员的亲友；

（3）与相关人员存在利益关系（如合作/合伙/入股/咨询顾问/代理/雇佣/债权债务关系等）的人员；

（4）店铺的其他关联方。

2.2 商家履约风险的常见情形部分列举如下：

2.2.1 商品或服务本身存在交付的风险，包括但不限于各类代办服务、月度会员/账号服务等；

2.2.2 交易方式导致履约时间长于该货款入账时间的风险，包括但不限于订阅期刊/考试培训课程的分次/分批发货、植物/宠物的寄养、珠宝/玉石/黄金的寄售等；

2.2.3 不合理售后承诺导致的风险，包括但不限于无效退款、不满意可退款、可返还货款或免单、不合理的质保期等；

2.2.4 商家诱导消费者违背正常平台交易流程操作导致的风险，包括但不限于诱导消费者提前确认收货、商家滥用平台工具提现等；

2.2.5 其他可能产生履约风险的情形。

2.3 拼多多有权随时对商家的注册信息及数据获取/使用行为进行查阅、监测，有权根据用户反馈数据、外部反馈数据、物流数据、海量商家数据使用习惯、生活常识、交易方式等因素单方认定商家是否存在履约风险或其他违约违规行为。如发现商家存在任何异常，拼多多有权质疑并要求商家提供合理解释，商家有义务在平台指定期限内对异常现象进行说明。

3. 处理措施

3.1　平台认定商家存在履约风险的，为保障消费者合法权益，平台有权立即对商家店铺和/或其关联店铺采取下列一项或者多项处理措施：

3.1.1　对全部或部分商品或信息采取降权、屏蔽、删除、修改（包括但不限于商品类目变更、信息修改等）、下架、禁售、移除资源位、禁止上资源位、移除广告等措施；

3.1.2　店铺禁止上新、禁止上架；

3.1.3　对相关商品订单操作关闭交易并退款；

3.1.4　立即暂停或延长支付/结算全部未结算款项，暂停或延长结算/支付期间，拼多多无须承担逾期付款利息损失，也无须赔偿商家任何因此产生或与之相关的损失；

3.1.5　限制店铺资金（包括店铺保证金、活动保证金、货款等，下同）提现；

3.1.6　关闭或限制店铺/账户权限、店铺/账户功能，和/或限制商家退店；

3.1.7　扣除店铺资金作为赔付金，用于对因商家行为而受到损害的消费者、平台及第三方进行赔付，不足部分平台有权向商家追偿；

3.1.8　解除协议、终止与商家合作；

3.1.9　平台认为必要的其他措施。

3.2　商家违反本规则的同时违反其他平台协议或规则的，拼多多还有权依据相应协议或规则对商品或店铺进行违规处理。

3.3　商家行为构成犯罪的，平台还有权向公安部门报案并进一步追究商家的刑事责任。

14.5 不当获取/使用信息处理规则

1. 总则

1.1 为保证商家严格遵守《中华人民共和国个人信息保护法》《中华人民共和国网络安全法》《中华人民共和国数据安全法》《中华人民共和国刑法》等相关法律法规以及平台协议及规则的约定，加强对商家获取/使用信息行为的管理，保护消费者（以下或简称“买家”）的合法权益，维护拼多多平台的正常经营秩序，特制定本规则。

1.2 本规则是对平台协议以及平台其他规则的有效补充，商家应同时遵守平台协议、平台其他规则以及本规则。本规则规定与平台协议或平台其他规则内容冲突的，适用本规则；本规则未涉事宜，适用平台协议或平台其他规则。

2. 不当获取/使用信息的认定

2.1 不当获取/使用信息是指商家使用租借/共享账号、协助第三方扫描系统等不当方式获取平台商业信息/他人信息，或未经允许发布、传递、出售平台商业信息/他人信息，影响拼多多正常运营秩序、效率或致使平台商业信息/他人信息存在泄露风险的行为。包括但不限于以下人员（以下统称“利益相关方”）自行、委托他人或帮助他人实施的上述行为：

（1）店铺（包括关联店铺，下同）入驻人、管理人、紧急联系人，企业法定代表人、股东、董事、监事、管理人员、员工（以下统称“相关人员”）；

（2）相关人员的亲友；

（3）与相关人员存在利益关系（如合作/合伙/入股/咨询顾问/代理/雇佣/债权债务关系等）的人员；

（4）店铺的其他关联方。

2.2 常见不当获取/使用信息方式部分列举如下：

（1）向第三方租借和/或共享账号；

（2）自行、授权或协助第三方对平台商业信息或平台系统进行地址扫描、网络端口扫描、操作系统探测等扫描及/或探测；

（3）自行、授权或协助第三方以包括通过机器人、木马、爬虫等程序或设备监视、复制、传播、展示、镜像、上传、下载等方式擅自获取使用平台商业信息或他人信息；

（4）违法违规通过第三方软件和/或渠道获取平台商业信息或他人信息；

（5）非必要获取平台商业信息或他人信息；

（6）对外出售（无论是否有偿）、披露、共享平台商业信息或他人信息，例如未经允许，向非买家本人披露买家订单信息或身份信息、在评价页面或其他公开平台披露买家订单信息或身份信息等；

（7）违规使用平台商业信息或他人信息：①在非正常交易或服务所必需的第三方网站或店铺使用平台商业信息或他人信息（如商家将自己店铺的订单或消费者信息单个或批量同步给非交易必需的第三方店铺或平台，导致第三方店铺或平台获取平台商业信息或他人信息），②将平台商业信息或他人信息披露或传输给非拼多多认可的服务商或其他第三方，③未经拼多多同意擅自存储、传输、公开披露平台商业信息或他人信息；

（8）未妥善保存平台商业信息或他人信息，包括电子版和纸质版信息，例如随意放置或丢弃有买家信息的快递面单、未及时销毁有买家订单信息或身份信息的电子文件导致泄露等；

（9）商家内部信息安全管控不严，如账号管理、员工管理、系统安全、合作服务（如软件服务、仓储服务、物流服务、运营服务等）选择与管理存在过失或漏洞；

（10）其他不当获取/使用信息的方式。

2.3　本规则所称“信息”包括但不限于“平台商业信息”和“他人信息”等。平台商业信息是指拼多多平台的产品、技术、软件、程序、数据等信息，包含但不限于成交额、搜索、浏览、加购、订单、评价等相关信息；他人信息包括但不限于真实姓名、手机号码、收货地址、身份证信息以及其他涉及他人隐私或人身、财产等相关信息。

2.4　拼多多平台有权随时对商家的注册信息及数据获取/使用行为进行查阅、监测，有权根据用户反馈数据、外部反馈数据、物流数据、海量商家数据使用习惯、生活常识等因素单方认定商家是否构成不当获取/使用信息或存在其他违约违规行为。如发现商家存在任何异常，拼多多平台有权质疑并要求商家提供合理解释，商家有义务在平台指定期限内对异常现象进行说明。

3. 违规处理

3.1 一般处理方式

商家应当在收到违规通知后，在限期内对不当获取/使用信息的行为进行治理、整改并进行书面承诺，同时还需及时足额补缴店铺保证金。

（1）商家再次出现不当获取/使用信息违规行为的，拼多多有权扣收全部店铺保证金，如对应金额不足以弥补消费者和/或拼多多损失的，商家应向消费者和/或拼多多继续赔偿差额部分的损失。

（2）店铺保证金增幅标准：拼多多将按照存在不当获取/使用信息行为当日商家处理的所有订单实收金额的3倍（按万元向上取整，不足人民币50000元时，按人民币50000元计算）计算店铺保证金增幅金额。“订单实收金额”是指每笔订单中商家实际收取的金额，包括用户实付金额、平台优惠券金额等。每笔订单实收金额以拼多多平台系统记录为准。

举例：如商家2022年9月1日打印的快递面单发生泄露，则当天商家打印的全部快递面单涉及的订单实收金额都将予以统计。如该等订单实收金额3倍为人民币33000元，则店铺保证金增幅为人民币50000元；如该等订单实收金额3倍为人民币54000元，则店铺保证金增幅为人民币60000元。

3.2 同时拼多多有权根据违规情节严重程度对商家采取下列一项或多项措施：

（1）关闭或限制商家账户权限、店铺功能，包括但不限于商品下架、移除资源位、禁止上资源位、移除广告、禁止上新、禁止上架等；

（2）对已成交的违规商品订单操作关闭交易并退款；

（3）扣除店铺资金作为消费者赔付金，用于对因商家不当获取/使用他人信息而受到损害的消费者进行赔付；

（4）提高店铺保证金标准、限制店铺资金（包括但不限于店铺保证金、活动保证金及货款，下同）提现；

（5）扣除保证金；

（6）限制退店；

（7）单方解除平台协议，终止与商家的合作；

（8）其他拼多多认为必要的措施。

3.3　若商家存在以下情形之一的，则视为“违规情节严重”：

（1）未在限期内向平台提供治理和整改方案；

（2）多次出现不当获取/使用信息；

（3）不当获取/使用信息手段和/或用途恶劣的；

（4）对外出售（无论是否有偿）、披露、共享平台商业信息或他人信息；

（5）违规使用平台商业信息或他人信息；

（6）不当获取/使用信息和/或未妥善保存信息，由此引发泄露事件；

（7）不当获取/使用信息量级巨大、造成严重后果、被追究或可能追究刑事责任等情形。

3.4　拼多多依据本规则对商家进行违规处理的，有权视情况依据平台协议对违规商家所在关联圈内的关联店铺采取相应的处理措施。

3.5　商家知悉并确认，商家和其利益相关方因其违规行为向任何第三方承担的赔偿责任以及根据相关法律法规规定承担的责任，不影响拼多多依据本规则、平台协议或其他平台规则对商家采取处理措施。

3.6　商家行为构成犯罪的，平台还有权向公安部门报案并进一步追究商家的刑事责任。

14.6　拼多多假货处理规则

1. 总则

1.1　为打击商家售假行为，保护消费者及品牌权利人的合法权益，维护拼多多平台（下称“平台”）正常经营秩序，特制定本规则。

1.2　本规则所称“假货”，是指假冒商品及盗版商品（如盗版图书等）。假冒商品包括假冒注册商标或假冒他人厂名、厂址的商品。

1.3　本规则所称“品牌方”，是指能够对商品真伪、商品来源做出判定的自然人、法人或其他组织，包括但不限于注册商标持有人、著作权权利人、出版社、厂名厂址所有人以及由上述权利人指定/授权的主体。

2. 假货防控

商家对于上架销售的商品，应保存能够有效证明商品具有正规进货渠道以及商品为正品的证明文件备查。

3. 样本来源及处理

3.1　样本来源

平台通过下列途径之一获取商家所售商品实物及/或商品信息作为样本（包括但不限于原样、备样、商品图片、消费者评价等信息）：

（1）平台自行或者委托他人自商家店铺购买的商品；

（2）商家自行向平台提供的商品；

（3）消费者或品牌方向平台提供的其自商家店铺购买的商品实物、图片、评价等信息；

（4）其他途径获取的商家店铺售出的商品实物及/或商品信息。

3.2　样本处理

对于易燃、易爆、危险品、易腐、易蛀、易变质或其他不宜保存的样本，以及因鉴定方法、鉴定技术等原因在鉴定过程中灭失、损坏或失效的样本，平台或品牌方有权及时予以销毁。对于其他被判定为涉嫌售假且适宜保存的样本，平台有权视样本情况决定保存期限。

4. 假货判定及处理

4.1　涉嫌售假判定及处理

（1）为防范售假、保障消费者合法权益，拼多多有权不时对商家所发布的商品实物、商品信息、店铺信息、交易行为等进行随机抽查，并以普通人或非专业人员的知识水平标准独立判断商家是否涉嫌销售假货。为免歧义，拼多多做出该等判断不以实际收到投诉或样本等任何事项为前提。

①拼多多通过获取样本进行核实的，平台获取样本后，将通过对样本与样本商品在当前市场流通的最新批次或版本进行比较，发现其外包装或者内容有较大出入，且不属于官方申明的旧批次或版本包装的，或者按照商品品牌官网等公开渠道发布的真假鉴别方法进行鉴别，怀疑样本为假货的，将判定该样本对应商品ID下的商品涉嫌售假；

②拼多多通过商品信息、店铺信息、交易行为等判断商家涉嫌出售假冒、盗版商品；

③出售的假货给消费者或其他方造成人身或财产损失；

④其他被平台判定涉嫌销售假货的情形。

（2）平台若发现商家涉嫌售假将采取下列一项或者多项措施：

①对部分或全部商品降权、移除资源位、禁止上资源位、移除广告、屏蔽、下架、禁售；

②店铺禁止上新、禁止上架；

③增加该商家的保证金金额，增幅为该涉嫌售假商品（以商品ID为准）历史总销售额的10倍以及可能向平台支付的违约金、赔偿金或其他款项；

④限制店铺资金（包括但不限于店铺保证金、活动保证金、货款等，下同）提现和/或扣除店铺资金；

⑤立即暂停或延长支付/结算全部未结算款项，暂停或延长结算/支付期间，拼多多无须承担逾期付款利息损失，也无须赔偿商家任何因此产生或与之相关的损失；

⑥若出现涉嫌售假情形的，每发生一次，平台有权自商家及其关联店铺的保证金及/或账户货款余额中扣除2000元作为违约金，用于维护平台商业信誉、网络购物环境及安全性，保护合法经营商家的利益和消费者合法权益、赔付平台的治理成本等。若金额不足划扣，平台有权关闭店铺终止合作；

⑦平台认为必要的其他措施。

4.2　商家售假判定及处理

（1）若平台收到来自官方（包括但不限于品牌方、行政机关、司法机关、出版社、著作权权利人等）的邮件、鉴定报告、行政调查结论、司法判决等证据，或商家主动承认售假事实的，则视为商家售假事实成立，平台有权根据商家与平台签订的平台协议及有关平台规则进行假货处理。

（2）售假成立的，平台除采取本规则约定的处理措施外，平台有权采取下列一项或多项处理措施：

①扣除商家保证金及/或商家账户货款余额作为消费者赔付金，用于对假货订单消费者进行赔付；

②根据售假程度以及销售历史，平台有权终止与该商家合作；

③平台认为必要的其他措施。

（3）商家违反本规则的同时违反其他平台协议或规则的，拼多多还有权依据相应协议或规则对商品或店铺进行违规处理。

（4）拼多多依据本规则或其他平台协议或规则进行违规处理，不免除商家因其违规行为应当向任何第三方承担的赔偿责任以及根据相关法律法规规定应承担的责任。

（5）商家行为构成犯罪的，平台还有权向公安部门报案并进一步追究商家的刑事责任。

5. 商家举证及申诉

5.1　平台有权根据商家违规情况决定是否启动举证和/或申诉程序，如启动商家举证和/或申诉程序，商家应在接到平台涉假通知后的7个工作日内发起申诉并进行第一次举证，提交平台认可的证明文件，例如合法的进货凭证（订单、合同、发货单、发票等）、商场购物小票、授权证明资料等。无法提供前述证明文件的，应当提供品牌方出具的正品声明。

5.2　平台收到商家提交的证明文件后将进行审查，并将审查结果通过后台申诉页面提示、站内信等方式告知商家。

5.3　平台经审查认为商家第一次举证不充分的，商家可以在平台回复审查意见后5个工作日内进行第二次举证。

5.4　经商家举证，平台审查后认为商家所提交的证据能够证明其所售商品为正品的，将在确认上述事实后撤销已经采取的处理措施。

5.5　“先行赔付”商家在接到平台通知后，在指定期限内未发起申诉或未进行有效举证，或者经两次举证仍不能证明涉嫌售假商品或售假商品实为正品的，平台有权根据售假情节轻重，单方决定是否以商家及其关联店铺的账户内的资金对消费者投诉所涉的订单进行先行赔付和/或按违规次数每次扣除2000元作为违约金，用于维护平台商业信誉、网络购物环境及安全性，保护合法经营商家的利益和消费者合法权益、赔付平台的治理成本等，同时有权依据第4条的规定对商家采取一项或多项处理措施。

6. 暂缓赔付

售假处理过程中，若商家与平台之间发生诉讼、仲裁或者其他纠纷，平台有权暂缓对消费者做出赔付。若前述纠纷在平台限制商家账户货款提现之日起9个月内未能解决，则平台有权按照第4条规定的假货处理流程先行对假货订单消费者做出赔付。平台有权视情况延长上述暂缓赔付的期限。

7. 判定信息披露

鉴于拼多多平台排查、判定假货的依据可能涉及平台或品牌方商业秘密，若商家销售的商品被判定为涉嫌售假或假货，拼多多平台将通知商家其构成售假的结论，但有权视所涉商业秘密的等级决定是否披露判定的依据以及披露的内容。

14.7　拼多多虚假交易处理规则

1. 虚假交易的认定及处理

虚假交易是指商家通过规避平台规则或利用平台规则漏洞或系统漏洞等方式，套取补贴，或者获取虚假商品销量、虚假好评、虚假信用评价等不当利益，或者恶意损害其他商家或任何第三方合法权益的行为，包括但不限于以下人员（以下统称“利益相关方”）自行、委托他人或帮助他人实施的上述行为：

1.1 店铺（包括关联店铺，下同）入驻人、管理人、紧急联系人，企业法定代表人、股东、董事、监事、管理人员、员工（以下统称“相关人员”）；

1.2 相关人员的亲友；

1.3 与相关人员存在利益关系（如合作/合伙/入股/咨询顾问/代理/雇佣/债权债务关系等）的人员；

1.4 店铺的其他关联方。

2. 常见虚假交易方式列举

2.1 将一件商品拆分为多个商品发布的；

2.2 以免费试用形式，诱导或同意消费者使用补贴后支付价款，但消费者实际收到的商品与下单商品不一致的，或者消费者付款后商家全额或部分退款的；

2.3 将不得使用特定类目补贴的商品，违规发布在该特定商品类目的；

2.4 设置较高商品价格，诱导或同意消费者使用补贴后返还消费者相应差价；

2.5 商家通过其利益相关方自有的、或委托/帮助的他人所有的账户购买商家店铺商品的；

2.6 商家店铺内（包括直播间内）发布/销售的商品选择的类目与实际不符（多级类目内任一类目不符即构成）。

拼多多平台有权随时对商家的注册信息及交易行为、交易数据和信息进行查阅、监测，有权根据用户数据、海量用户数据的关系及普通人的正常消费习惯、快递物流行业交易习惯、生活常识等因素单方认定商家是否构成虚假交易或存在其他违约违规行为。如发现商家交易行为、交易数据等存在任何异常，拼多多平台有权质疑并要求商家提供合理解释，商家有义务在平台指定期限内对交易异常现象进行说明。

3. 虚假交易的处罚措施

对于商家虚假交易的行为，拼多多平台将视情节轻重，采取包括但不限于下列处理措施：

3.1 限制店铺资金提现，扣收店铺保证金。

3.2　对店铺功能予以限制，包括但不限于商品下架、移除资源位、禁止上资源位、移除广告、禁止上新、禁止上架等。

3.3　解除协议，终止合作。

3.4　其他平台认为必要的措施。

3.5　若商家在从事虚假交易的同时套取了补贴的，拼多多平台有权根据平台协议相关约定要求商家另行承担违约责任，包括但不限于：

（1）限制商家账户（包括关联账户）部分或全部资金提现；

（2）自商家账户（包括关联账户）保证金及/或未结货款余额中扣收相当于其所套取补贴金额10倍的款项作为违约金；

（3）单方解除平台协议，终止与商家的合作。

3.6　拼多多依据本规则对商家进行违规处理的，有权视情况依据平台协议对违规商家所在关联圈内的关联店铺采取相应的处理措施。

3.7　商家知悉并确认，商家和其利益相关方因其违规行为向任何第三方承担的赔偿责任以及根据相关法律法规规定承担的责任，不影响拼多多依据本规则、平台协议或其他平台规则对商家采取处理措施。

3.8　商家行为构成犯罪的，平台还有权向公安部门报案并进一步追究商家的刑事责任。

14.8　诱导第三方处理规则

为了规范商家在拼多多平台的经营行为，以规避交易风险、保障消费者合法权益，营造良好的市场环境，特制定本规则。

商家在店铺经营过程中应当使用拼多多平台提供的各项系统功能及客服工具等为拼多多用户（以下简称“用户”）提供服务，不得通过任何方式实施诱导第三方行为。

诱导第三方，是指商家主动诱导拼多多用户（以下简称“用户”）或接受用户的要求，尝试或实际发布或推送非拼多多官方渠道的任何第三方信息或商品，或者通过其他方式诱导用户跳转至第三方网站或客户端，或者实施其他易导致交易风险、可能损害消费者合法权益的类似行为。本规则所述“第三方”是指非拼多多官方渠道的任何第三方，包括但不限于社交、导购、团购、促销、购物平台等第三方网站或客户端。

拼多多发现商家违反本规则，实施诱导第三方行为的，有权依据本规则及《拼多多平台合作协议》（以下简称“平台协议”）对商家做出相应的违规处理。

1. 违规认定

商家诱导第三方包括但不限于下列情形：

（1）线上或线下尝试或实际与用户交换任何非拼多多平台的账号，包括但不限于第三方应用账号、第三方网站账号、电子邮箱、网盘账号、第三方订阅号、公众号信息等。

（2）线上或线下引导用户浏览、下载非拼多多平台提供且非正常交易或服务所必需的网站、内容或应用。

（3）线上或线下尝试或实际与用户通过非拼多多平台提供的渠道进行交易或收付款，包括但不限于提供或使用银行账号或第三方支付工具、支付二维码、购物链接、第三方平台店铺或商品信息等。

（4）商品包装上或包装中附带任何非正常交易或服务所必需的第三方网站或店铺信息等，包括但不限于好评返现卡。

（5）为其他非完成拼多多交易之目的，线上或线下尝试或实际与用户交换手机号、座机号或其他联系方式。

商家存在下列情形之一的，构成严重违规：

（1）未经拼多多许可或使用未经拼多多认可的服务商向用户提供货到付款服务。

（2）诱导第三方，且发生支付问题、物流问题、售后问题、产品质量问题、人身伤害问题等，或存在此类风险。

（3）诱导第三方，且商品本身属于平台规则规定的禁售商品或存在其他违规情形。

（4）诱导第三方，且平台有理由认为可能严重威胁用户、平台或任何第三方的人身、财产安全或合法权益的其他情形。

2. 处理规则

非严重违规店铺的处理：

如商家实施诱导第三方行为，但未构成严重违规，拼多多将按照如下规则处理：

（1）拼多多有权对违规店铺及其关联店铺立即采取下列一项或多项措施，并通知商家：

①对存在交易风险的订单作关闭交易处理；

②关闭或限制商家账户权限、店铺功能；

③限制店铺资金提现；

④店铺部分或全部商品屏蔽、降权、下架、禁售、删除、移除资源位、禁止上资源位、移除广告；

⑤店铺禁止上新、禁止上架；

⑥提高店铺保证金标准，增幅为5万元；

⑦限制相同主体店铺入驻。

（2）如商家希望继续经营店铺的，商家应当在收到通知后的3日内足额补缴店铺保证金，并以书面形式承诺不会再次实施诱导第三方的行为。

（3）如商家逾期未足额补缴店铺保证金，或逾期未提交书面承诺，则拼多多有权解除平台协议，并采取如下退店处理措施：

①届时店铺将进入关店准备状态；

②商家应自行按照《拼多多退店规则》处理退店事宜并申请退店；

③若商家在进入关店准备状态后45天内未自行申请退店，拼多多有权强制清退店铺。

严重违规店铺的处理：

商家实施诱导第三方行为，且构成严重违规的，除上述约定的违规处理措施外，拼多多有权立即解除平台协议，并采取退店处理措施。

多次违规店铺的处理：

商家实施诱导第三方行为达两次或以上的，除按上述约定的违规处理措施外，拼多多有权立即解除平台协议，并采取退店处理措施。同时，拼多多有权扣收全部店铺保证金，若店铺保证金余额低于该店铺应缴存标准，平台有权自店铺其他资金（包括但不限于活动保证金、货款余额）中扣收不足部分。

商家实施诱导第三方行为的，无论是否退店，商家均应当就违规所涉商品或订单可能产生的损害及风险承担全部责任，如因此给用户、平台或任何第三方造成损失，商家应当赔偿该等损失。对于前述责任和损失，拼多多有权自店铺账户资金（包括但不限于保证金、货款）中扣划相应的款项，用以偿付违约金、赔偿金、相关费用等。

附　录

平台常见术语及解释

GMV

成交总额，含拍下未支付的订单金额。

计算公式：GMV=销售额+取消订单的金额+拒收订单的金额+退货订单的金额。

例：某拼多多店铺今天有一个已经付款了500元的订单，一个付款后取消的200元订单，一个已发货但被拒收的100元订单，一个退货的100元订单。

当日GMV=500+200+100+100=900（元）。

SKU

库存量单位，是指商品的销售属性合辑，供买家在下单时选择，如“颜色分类”“尺码”等。

推广ROI

投入产出比。

计算公式：推广ROI=交易总额/推广费用。

例：某店一件衣服卖100元，通过平台推广，推广花了10元，那么推广ROI=100/10=10。

UV

独立访客，统计1天内访问某站点的用户数量。

PV

访问量，即页面浏览量或点击量。一个顾客浏览了两次，PV就是2。

店铺动销率

有销售商品的数量与店铺上线商品数量的比率，是衡量一个店铺是否活跃健康的标准。

点击出价

做推广时，客户每次点击的推广价。

点击率

产品被点击的次数/被展示次数。比如：100个人看到，有10个人点击，点击率就是10%。

转化率

所有到达店铺并产生购买行为的人数和所有到达店铺的人数的比率。

计算公式：产生购买行为的客户人数/所有到达店铺的访客人数×100%。

例：100个人访问店铺后，有1个人购买，转化率是1%。

DSR 店铺评分

包括对商品/服务的质量、服务态度、物流等方面的评分指标。

店铺领航员

衡量店铺综合服务能力的数据指标，包括售后服务、商品品质、物流服务、客服咨询、交易纠纷共五个维度。

CPX

一种自动化广告出价方式。

日限额

每日限定额度。

资源位

平台给予商家获取流量的一个商品展现位置。

权重

用于评估商品获取流量的能力。目前平台中至少有六个维度的权重，分别是类目权重、自然搜索权重、场景权重、搜索权重、活动权重、推送权重。

内功

影响转化率因素的商品基础，比如商品标题、主图、定价、SKU布局、详情页等。

千人千面

系统根据顾客特性，为每个顾客提供个性化商品展示。每个人看到的商品都是自己喜欢的商品。

拼多多发货规则

为了让消费者有更好的购物体验，拼多多平台对商家的发货时效、物流服务等有一定要求，对于延迟发货、虚假发货、缺货等情况，制定了相应的处罚措施。商家需及时准确地将货物发送到消费者手中，以此来让消费者获得更好的购物体验。下面将介绍拼多多平台的发货规则。

发货时限

（1）各类商品默认发货时限如下：

商品类型	发货时限
普通商品	48小时
直供商品	48小时
直邮商品	120小时

（2）商家发布预售商品的，发货时限以商家选择的具体时限为准。

（3）如商家在拼多多后台上架商品时在商品发布页面点击选择其他“承诺发货时限”，则发货时限以商家选择的具体时限为准。

（4）如商家通过客服工具（如延长卡片、邀请下单—定制工具）与消费者另行确认发货时限的，以消费者确认的发货时限为准。

延迟发货

商家未在发货时限内完成发货，即商家未在发货时限内上传已成交订单对应的真实物流单号至拼多多后台或点击“发货成功”，或拼多多平台未在发货时限内收到充值成功信息或商家回传的卡密信息，依据本规则及相应的技术标准，该订单将被自动标识为延迟发货订单。

延迟发货订单的处理

商家发生延迟发货的行为，拼多多平台有权从商家账户余额（包括货款、保证金等，下同）中扣除对应的消费者赔付金，并将同等金额以50年有效期的无门槛现金券形式发放给延迟发货订单所对应的消费者，赔付标准如下：

延迟发货订单实收金额（x/元）	赔付标准（元/单）
$0 \leq x < 300$	3
$x \geq 300$	x×1%，最高不超过30
备注：赔付标准如存在小数的，则取整数部分，例如订单实收金额为420元，420元×1%=4.2元，赔付标准为4元。	

拼多多平台按照上述赔付标准对商家延迟发货行为做出处理的同时，还有权视情况对商家账户余额采取限制提现措施，直至全部延迟发货订单完成真实发货或者退款成功。

拼多多平台依据本条规定对相关延迟发货订单做出处理，并不免除商家的发货义务，无论拼多多平台是否已经实际从商家账户余额扣收消费者赔付金并赔付给对应的消费者，商家都应继续履行相关延迟发货订单的发货义务。

虚假发货

（1）虚假发货：是指商家上传至拼多多后台的商品物流单号对应的物流信息存在明显异常等情形，及商家未真实发货的其他情形。

若商家上传物流单号后，对应物流信息显示该包裹在发件网点所在省内转运其他快递的，则以转运后物流单号对应的物流信息作为判断是否虚假发货的依据，多次转运的，以系统监测当时最新的物流单号为准。

（2）普通商品虚假发货包括但不限于以下情形：

①商家上传商品物流单号（包括转运后物流单号，下同）后的24小时内，该物流单号在相应物流公司官网没有物流信息；

②商家上传商品物流单号后的24小时内，该物流单号在相应物流公司官网没有揽件信息（若同一物流单号存在多条揽件信息的，则依据最后一条揽件信息的时间来判断）；

③其他订单物流信息异常的情形。

（3）直供商品虚假发货包括但不限于以下情形：

①商家上传商品物流单号后的48小时内，该物流单号在相应物流公司官网没有物流信息；

②商家上传商品物流单号后的48小时内，该物流单号在相应物流公司官网没有揽件信息（若同一物流单号存在多条揽件信息的，则依据最后一条揽件信息的时间来判断）；

③其他订单物流信息异常的情形。

（4）直邮商品虚假发货包括但不限于以下情形：

①商家上传商品物流单号后的72小时内，该物流单号在相应物流公司官网没有物流信息；

②商家上传商品物流单号后的72小时内，该物流单号在相应物流公司官网没有揽件信息（若同一物流单号存在多条揽件信息的，则依据最后一条揽件信息的时间来判断）；

③其他订单物流信息异常的情形。

（5）虚假发货订单的处理

①拼多多平台根据任一天内商家某商品（以商品ID为准，下同）发货订单总量中已发现的虚假发货订单数，按照②③④采取相应处理措施。

②对于虚假发货订单，拼多多平台有权从商家的账户余额中扣除对应的消费者赔付金，并将同等金额以50年有效期的无门槛现金券形式发放给虚假发货订单所对应的消费者，赔付金金额如下：

虚假发货订单实收金额（x/元）	赔付标准（元/单）
$0 \leqslant x < 20$	5
$x \geqslant 20$	$x \times 25\%$，最高不超过100
备注：赔付标准如存在小数的，则取整数部分，例如订单实收金额为50元，50元×25%=12.5元，赔付标准为12元。	

③拼多多平台按照上述条例对商家虚假发货行为做出处理的同时，还有权视情况对商家账户余额采取限制提现措施至少7天（“限制提现期”），在此期间对虚假发货订单进行持续监测，并自限制提现期满之次日起逐步对虚假发货订单全部处理完毕的商家解除账户余额限制措施。

④拼多多平台依据本条规定对相关虚假发货订单做出处理，并不免除商家的

实际发货义务，无论拼多多平台是否已经实际从商家账户余额扣收消费者赔付金并赔付给对应的消费者，商家都应继续履行就相关虚假发货订单的实际发货义务，同时，虚假发货订单的自动确认收货时限将在原自动确认收货时限的基础上延长15日。

（6）虚假发货对应商家店铺处理

商家在自然年内发生虚假发货，拼多多平台对虚假发货订单做出处理的同时，还将视情况对店铺采取相应的处理措施。具体处理措施如下：

违规情况	处理措施
自然年一次虚假发货成立并且被处理	全部商品移除资源位，禁止上资源位，移除广告；为期总计3天
自然年二次虚假发货成立并且被处理	全部商品移除资源位，禁止上资源位，移除广告，禁止上新，禁止上架；为期总计7天
自然年三次虚假发货成立并且被处理	全部商品移除资源位，禁止上资源位，移除广告，禁止上新，禁止上架；为期总计15天
自然年四次（含）以上虚假发货成立并且被处理	全部商品移除资源位，禁止上资源位，移除广告，禁止上新，禁止上架；为期总计30天。同时平台有权解除协议，终止合作
存在其他严重情形（包括但不限于利用虚假发货损害平台声誉等）	平台有权暂停支付店铺全部资金，解除协议，终止合作

平台根据本条统计店铺虚假发货次数时，仅统计“某商品（以商品ID为准，下同）某日已发现的虚假发货订单满30单且达到该商品当日发货订单总量的30%（含）以上”的情形，上述情形每发生一次，则累计一次。

虚假轨迹的处理

（1）虚假轨迹是指商家上传至拼多多后台的商品物流单号对应的物流轨迹存在明显异常的情形，及/或商家上传物流单号后消费者在合理期限内未实际收到所购商品。

若商家上传物流单号后，对应物流轨迹显示该包裹在发件网点所在省内转运其他快递的，则以转运后物流单号对应的物流轨迹作为判断是否属于虚假轨迹的依据，多次转运的，以系统监测当时最新的物流单号为判断依据。

（2）虚假轨迹包括但不限于以下情形：

①商家上传的商品物流单号，在相应物流公司官网出现首条物流轨迹信息后的24小时内没有后续的物流轨迹信息更新。

②商家上传的商品物流单号，自相应物流公司官网出现首条物流信息至商品离开首个分拨中心所在省份的时间间隔：普通地区超过48小时，偏远地区超过72小时，极偏远地区超过120小时（分拨中心是指由各物流公司指定的，具有存储、分拣、集散、转运功能的集货地点，每日交接所管辖区域内所有站点的揽收包裹，名称可能为"分拨中心""转运中心""中转站"等，下同。普通地区、偏远地区及极偏远地区划分详见《拼多多发货规则实施细则》，地区界定以首条物流轨迹信息显示的网点所在地为准，下同）。

③商家上传的商品物流单号在相应物流公司官网的物流轨迹显示，商品到达至离开同一分拨中心的时间间隔（即在同一分拨中心持续停留时间）超过24小时。

④商家上传的同一物流公司的多个商品物流单号在相应物流公司官网的物流轨迹存在以下任一情形：

a．任一单号在某一轨迹节点的轨迹时间与其他单号在相同轨迹节点的轨迹时间一致，且符合该等情形的单号达到10个及以上的；

b．任一单号的相邻两个轨迹节点的时间间隔与其他单号在相同的两个相邻轨迹节点的时间间隔一致，且符合该等情形的单号达到10个及以上的。

⑤商家上传的普通商品和直供商品物流单号在相应物流公司官网的物流轨迹存在下表所列的任一情形的：

揽件地址与收货地址所在省份/区域	揽件地址与收货地址关系	首条物流信息至派件信息之间任意轨迹节点超时未更新
江浙沪皖区域	均在同一区域	超过48小时
京津冀区域	均在同一区域	超过48小时
除新疆、西藏、内蒙古外的省份	均在同一省份	超过48小时
	在不同省份（江浙沪皖之间收发货和京津冀之间收发货的情形除外）	超过72小时
新疆、西藏、内蒙古	任一地址在新疆、西藏或内蒙古	超过120小时

⑥商家上传的商品物流单号，在相应物流公司官网存在异常、重复的物流轨迹信息。

⑦商家上传的商品物流单号对应的收件信息或物流签收信息与消费者订单显示的收货信息不符。

⑧商家上传的商品物流单号存在其他物流轨迹明显异常或消费者在商家发货后合理期限内未实际收到所购商品的情形，如揽收时间早于订单支付时间、商家无特殊除外原因返件退回、联合物流公司轨迹造假等。

⑨商家上传商品物流单号前30天内，已有不同收货人或不同收货地址的订单使用该物流单号发货。

⑩商家上传的直邮商品物流单号对应物流轨迹的揽件地与该商品实际设置的发货地不符。

⑪商家上传的直供商品物流单号未从符合国家法律规定的保税仓发出。

⑫商家的直邮商品或直供商品订单物流轨迹中，无真实的清关记录。

⑬商家的直邮商品订单清关完成后，商家上传的商品物流单号在相应物流公司官网的物流轨迹存在下表所列的任一情形的：

清关完成后首条轨迹地址（若存在境内揽件地址以境内揽件地址为准）与收货地址所在省份/区域	清关完成后首条轨迹地址（若存在境内揽件地址以境内揽件地址为准）与收货地址关系	清关后首条物流信息至派件信息之间任意轨迹节点超时未更新
江浙沪皖区域	均在同一区域	超过48小时
京津冀区域	均在同一区域	超过48小时
除新疆、西藏、内蒙古外的省份	均在同一省份	超过48小时
	在不同省份（江浙沪皖之间收发货和京津冀之间收发货的情形除外）	超过72小时
新疆、西藏、内蒙古	任一地址在新疆、西藏或内蒙古	超过120小时

⑭其他存在虚假轨迹的情形。

（3）虚假轨迹订单的处理

①拼多多平台根据任一天内商家某商品（以商品ID为准，下同）发货订单总量中已发现的虚假轨迹订单数，按照虚假发货订单的处理措施采取相应处理措施。

②对于虚假轨迹订单，拼多多平台有权从商家的账户余额中扣除对应的消费者赔付金，并将同等金额以50年有效期的无门槛现金券形式发放给虚假轨迹订单所对应的消费者，赔付金金额如下：

虚假轨迹订单实收金额（x/元）	赔付标准（元/单）
$0 \leqslant x < 20$	5
$x \geqslant 20$	$x \times 25\%$，最高不超过100
备注：赔付标准如存在小数，则取整数部分，例如订单实收金额为50元，50元×25%=12.5元，赔付标准为12元。	

③拼多多平台对虚假轨迹订单做出处理的同时，还有权视情况对商家账户余额采取限制提现措施至少7天（“限制提现期”），在此期间对虚假轨迹订单进行持续监测，并自限制提现期满之次日起逐步对虚假轨迹订单全部处理完毕的商家解除账户余额限制措施。

④拼多多平台依据本条规定对相关虚假轨迹订单做出处理，并不免除商家的实际发货义务，无论拼多多平台是否已经实际从商家账户余额扣收消费者赔付金并赔付给对应的消费者，商家都应继续履行就相关虚假轨迹订单的实际发货义务，同时，虚假轨迹订单的自动确认收货时限将在原自动确认收货时限的基础上延长15日。

虚假轨迹对商家店铺的处理

商家发货的物流单号在自然年内发生虚假轨迹情形的，拼多多平台对虚假轨迹订单做出处理的同时，还将视情况对店铺采取相应的处理措施。具体处理措施如下：

违规情况	处理措施
自然年出现一次虚假轨迹并且被处理	全部商品移除资源位，禁止上资源位，移除广告；为期总计3天
自然年出现两次虚假轨迹并且被处理	全部商品移除资源位，禁止上资源位，移除广告，禁止上新，禁止上架；为期总计7天

（续表）

违规情况	处理措施
自然年出现三次虚假轨迹并且被处理	全部商品移除资源位，禁止上资源位，移除广告，禁止上新，禁止上架；为期总计15天
自然年出现四次（含）以上虚假轨迹并且被处理	全部商品移除资源位，禁止上资源位，移除广告，禁止上新，禁止上架；为期总计30天。同时平台有权解除协议，终止合作
存在其他严重情形（包括但不限于因虚假轨迹情形导致平台声誉受损等）	平台有权暂停支付店铺全部资金，解除协议，终止合作

平台根据本条统计店铺发生虚假轨迹情形的次数时，仅统计“某商品（以商品ID为准）某日已发现的虚假轨迹订单满30单且达到该商品当日发货订单总量的30%（含）以上”的情形，上述情形每发生一次，则累计一次。

欺诈发货的处理

（1）欺诈发货是指商家在发货过程中向消费者发送空包裹或与商品描述明显不符的物品，或者实施其他情节严重的欺诈行为。

（2）欺诈发货包括但不限于下列情形：

①商家上传订单物流单号后，消费者收到空包裹；

②商家上传订单物流单号后，消费者收到与商品描述明显不符的其他物品；

③商家在发货过程中实施欺诈行为，导致消费者在发货后合理期限内未实际收到所购商品，情节严重的情形；

④其他存在欺诈发货的情形。

（3）欺诈发货订单的处理

①拼多多平台根据某日商家某商品的发货订单总量中已发现的欺诈发货订单数，按照下表确定作欺诈发货处理的订单并采取相应处理措施：

已发现的欺诈发货订单数	作欺诈发货处理订单	处理措施
满10单，且达到当日该商品发货订单总量的1%（含）以上	当日发货的该商品全部订单	按照②~⑤及（4）处理
不满10单，或未达到当日该商品发货订单总量的1%	当日已发现的欺诈发货订单	按照②~⑤处理

②对于作欺诈发货处理的订单，拼多多平台有权采取下列一项或多项措施：

a．关闭交易并对消费者进行退款；

b．就每订单按订单实收金额一倍且不低于10元/单、不高于500元/单的标准自商家账户余额中扣收消费者赔付金；

c．将上述赔付金以50年有效期的无门槛现金券形式发放给作欺诈发货处理订单所对应的消费者。

③拼多多平台按照②对商家欺诈发货行为做出处理的同时，还有权对商家账户余额采取限制提现措施至少15天（限制提现期），在此期间对欺诈发货订单进行持续监测，并自限制提现期满之次日起逐步对欺诈发货订单全部处理完毕的商家解除账户余额限制措施。

④拼多多平台依据本条规定对相关欺诈发货订单做出处理，并不免除商家的实际发货义务，无论拼多多平台是否已经实际从商家账户余额扣收消费者赔付金并赔付给对应的消费者，商家都应继续履行就相关欺诈发货订单的实际发货义务，同时，欺诈发货订单的自动确认收货时限将在原自动确认收货时限的基础上延长15日。

⑤拼多多平台依据本条规定对相关欺诈发货订单做出处理后，若消费者依据法律法规之规定发起索赔的，平台有权予以先行赔付，并自商家账户余额扣收相应的赔付款项。

（4）欺诈发货对商家店铺的处理

商家在自然年内一旦发生欺诈发货，拼多多平台在对欺诈发货订单进行处理的同时，还将视情况对店铺采取相应的处理措施。具体处理措施如下：

违规情况	处理措施
自然年一次欺诈发货成立并且被处理	全部商品移除资源位，禁止上资源位，移除广告；为期总计7天
自然年二次欺诈发货成立并且被处理	全部商品移除资源位，禁止上资源位，移除广告，禁止上新，禁止上架；为期总计15天
自然年三次欺诈发货成立并且被处理	该商家在拼多多平台售卖的全部商品下架，禁止上新，禁止上架；为期总计15天

（续表）

违规情况	处理措施
自然年四次（含）以上欺诈发货成立并且被处理	该商家在拼多多平台售卖的全部商品下架，禁止上新，禁止上架；为期总计30天。同时平台有权解除协议，终止合作
存在其他严重情形（包括但不限于利用欺诈发货损害平台声誉等）	平台有权暂停支付店铺全部资金，解除协议，终止合作

平台根据本条统计店铺欺诈发货次数时，仅统计“某商品某日已发现的欺诈发货订单满10单，并且达到该商品当日发货订单总量的1%（含）以上”的情形，上述情形每发生一次，则累计一次。

商品缺货的处理

（1）商品缺货的定义：商家告知拼多多平台或消费者无法发货；或者拼多多平台或消费者无法在发货时限内联系上商家；或者商家发生其他发货违规后在规定时限内仍未真实发货，相关订单将被拼多多平台判定为缺货订单。具体类型如下：

①商家告知拼多多平台无法发货或承认缺货/无货的。

②商家通过电话、短信、邮件、平台客服工具等渠道以直接或间接的方式有以下行为之一的，则视为缺货：

a. 告知消费者无法发货、缺货/无货、要求换货等；

b. 要求附带其他条件方予以发货（如补运费、满X件/满Y元发货、要求先确认收货、好评再发货、发货至指定地区需消费者另行自提等）；

c. 告知消费者无法正常履行发货义务、承诺服务或者法律义务等（如告知商品存在质量问题或描述不符、承诺顺丰包邮但告知无法履行、应支持七天无理由退货商品不支持七天无理由退货、无法提供发票或需要支付其他费用等）；

d. 因缺货问题未给消费者发送所购商品；

e. 其他要求/引导消费者取消订单/退款等情形。

③拼多多平台或消费者在发货时限内未能联系上商家，且拼多多平台有理由认为商家存在发货违规风险的。

④订单发生延迟发货后3天内仍未发货，即发货时限届满后3天内仍未发货的。

⑤作虚假发货处理的订单在上传物流单号后5天内仍未真实发货的。

⑥作虚假轨迹处理的订单在平台发送虚假轨迹处理通知后3天内消费者仍未收到所购商品的。

⑦其他存在缺货的情形。

（2）若商家不能在规定时限内完成发货，应当在知道或者应当知道发生或可能发生该等情形后立即主动联系拼多多平台，以书面形式对该等情形做出合理解释并提交相关证明材料，拼多多平台将视情况做出处理。

（3）商品缺货订单的处理

对于缺货订单，拼多多平台有权从商家账户余额中扣除消费者赔付金，并以50年有效期的无门槛现金券形式发放给缺货订单所对应的消费者，同时有权关闭交易并对消费者进行退款。赔付标准如下：

①订单承诺发货时限≤48小时的订单

缺货订单实收金额（x/元）	赔付标准（元/单）
$0 \leq x < 100$	5
$x \geq 100$	x×5%，最高不超过500
备注：赔付标准如存在小数，则取整数部分，例如订单实收金额为430元，430元×5%=21.5元，赔付标准为21元。	

②订单承诺发货时限＞48小时的订单

缺货订单实收金额（x/元）	赔付标准（元/单）
$0 \leq x < 50$	5
$x \geq 50$	x×10%，最高不超过1000
备注：赔付标准如存在小数，则取整数部分，例如订单实收金额为431元，431元×10%=43.1元，赔付标准为43元。	

（4）商家发生缺货的，拼多多平台有权对商家店铺资金采取限制提现措施，并有权视缺货订单处理情况决定是否解除限制提现措施。

（5）拼多多平台对缺货订单做出处理，并不免除商家依据法律法规之规定应当承担的法律责任，若消费者依法发起索赔，商家应自行与消费者协商解决，并承担相应的法律责任。

（6）商品缺货对商家店铺的处理

①对于发生缺货的商品，拼多多平台有权视情况通知商家予以下架，或者采取强制下架、禁售等措施；同时，拼多多平台有权选择销售同款商品的其他商家代为向消费者发货，由此产生的采购成本、快递运输费用等全部费用均由违规商家承担。

②商家在自然年内发生缺货行为，拼多多平台在扣除对应金额用作消费者赔付金的同时，还有权视情况对店铺采取相应的处理措施。具体处理措施如下：

违规情况	处理措施
自然年一次缺货成立并且被处理	警告相关店铺
自然年二次（含）以上五次（不含）以下缺货成立并且被处理	自第二次起，每发现一次，全部商品移除资源位，禁止上资源，移除广告，禁止上新，禁止上架；为期总计3天
自然年五次（含）以上缺货成立并且被处理，或存在其他严重情形（包括但不限于严重缺货、缺货不报）	平台有权下架全部商品，店铺禁止上新、禁止上架，暂停支付店铺内全部资金，解除协议，终止合作